# LES DISPARUS DU LOCH NESS

Du même auteur,
dans la même collection

LES DOSSIERS DE SCOTLAND YARD

Déjà parus :

*Meurtre au British Museum*
*Le Secret des MacGordon*
*Crime à Lindenbourne*
*L'Assassin de la Tour de Londres*
*Les Trois Crimes de Noël*
*Meurtre à Cambridge*
*Meurtre chez les druides*
*Meurtre à quatre mains*
*Le Mystère de Kensingon*
*Qui a tué Sir Charles ?*
*Meurtres au Touquet*
*Le Retour de Jack l'Éventreur*
*Higgins mène l'enquête*
*Meurtre chez un éditeur*
*Meurtre dans le Vieux Nice*
*Quatre femmes pour un meurtre*
*Le Secret de la chambre noire*
*Meurtre sur invitation*
*Noces mortelles à Aix-en-Provence*

À paraître :

*L'Assassinat du roi Arthur*

J.B. LIVINGSTONE

# LES DISPARUS DU LOCH NESS

ÉDITIONS DU ROCHER
Jean-Paul Bertrand
Éditeur

ISBN 2.268.01226.3

*For the two corpses, too incredible for words.*

M.B. Masters, II, § 3

# CHAPITRE PREMIER

Tullibardine Zohar s'assit sur son rocher préféré, dans un endroit toujours désert, à quelques mètres des eaux sombres du loch Ness. De ce point de vue, l'énorme masse d'eau, perdue au cœur des plus sauvages collines d'Écosse, semblait résolument hostile à l'homme. À dix-sept ans, la jeune et jolie Tullibardine, malgré son apparence frêle et la douceur de ses longs cheveux blonds, faisait montre d'un beau courage en venant chaque jour vénérer le loch. L'Écosse ne manquait pas de lacs, de sites reculés et de paysages magiques ; mais celui-là éclipsait tous les autres. Ses eaux étaient les plus profondes, ses dimensions les plus vastes ; ici, depuis les premiers âges, rien n'avait changé. Au nord, il y avait bien une ville, Inverness, où les gens semblaient normaux et vaquaient à leurs occupations, comme n'importe quel citadin ; mais ce n'était qu'apparence trompeuse. Le loch Ness régnait en maître absolu sur les esprits et les cœurs ; sa sauvagerie et son mystère ne toléraient que des âmes fortes. Qui ne songeait à l'éternelle présence du monstre, surnommé familièrement Nessie ? Tapi au fond des eaux noires, il remontait de temps à autre à la surface pour annoncer le malheur et la mort. Tullibardine, comme tous les serviteurs du loch Ness, guettait quotidiennement ses apparitions. Le monstre n'avait pas cessé d'être la divinité d'un culte païen qui reliait ses fidèles aux forces cachées des origines et les plongeait dans le mystère de la nature.

Lande perdue, à la végétation agressive ou inquiétante, le paysage des bords du lac n'était guère rassurant ; les ruines du château d'Urquhart ajoutaient encore à l'impression de désolation et de désespérance, aggravée par un ciel gris et bas.

La jeune fille rêvait d'amour, de soleil et de grandes plages de sable fin ; elle se reprochait ces mauvaises pensées qui la rendaient infidèle au loch et au monstre. Jamais elle ne quitterait sa région natale, même pour un court voyage. Ce serait trahir sa vocation, renier son passé et salir ses ancêtres. Qui naissait au bord du loch Ness devait y passer son existence ; on n'échappait pas à son emprise.

Le vent était tombé ; la lune se leva, perça les nuages et donna aux eaux la couleur du mercure. À cette heure tardive, aucune barque ne s'aventurait sur le lac. D'ordinaire, Tullibardine écoutait le bruit des vaguelettes qui venaient éclater sur les rochers ; ce soir, un angoissant silence avait envahi le loch Ness et ses berges, comme si la nature retenait son souffle avant un cataclysme.

Elle se sentit mal à l'aise, se leva, alla s'asseoir un peu plus loin. Souvent, de formidables bourrasques agitaient la surface du loch et le faisaient ressembler à une mer furieuse, agitée de vagues énormes ; le niveau du lac montait à une vitesse folle. Ce phénomène interdisait la construction de maisons trop proches du démon du loch qui ne supporterait jamais d'être apprivoisé. Il n'aimait que la pluie et rejetait la lumière ; c'était ici que l'on enregistrait l'ensoleillement annuel le plus faible de toute la Grande-Bretagne.

Contrairement à son habitude, Tullibardine Zohar chemina le long des eaux, de roche en roche ; bien qu'elles fussent glissantes, elle avait le pied assez sûr pour ne pas craindre une chute. Aérienne, elle parcourut plusieurs centaines de mètres avant de s'arrêter brusquement.

Non loin du bord, quelque chose flottait.

Tullibardine Zohar poussa un petit cri et posa les mains sur sa bouche afin de se contraindre elle-même au silence. N'était-ce pas le dos du monstre, tout près, si près d'elle ? Elle attendit, terrifiée et heureuse, mais la masse semblait immobile, à peine ballottée par le courant qui, peu à peu, l'amena vers la rive.

La jeune femme, dont la curiosité l'emporta sur la peur, s'approcha. Elle discerna une veste, des cheveux, une tête.

Un homme. Un noyé, au visage bouffi et aux chairs amollies. Son expression était horrible.

Tullibardine hurla.

*
**

Grampian MacDuncan, le chef du clan local, tira une énorme bouffée. Sa pipe en terre était si culottée que seules des narines d'Écossais pouvaient supporter l'odeur d'un tabac gris qui éloignait mouches et autres insectes ; MacDuncan préparait lui-même son mélange où il introduisait des herbes macérées cueillies dans la lande. Géant, barbu, couvert de poils, corpulent sans être obèse, le chef du clan faisait songer à Falstaff. De sa voix très grave, qui imposait le respect, il formula la conclusion :

– Le noyé est un inconnu. Il ne fait pas partie du clan.

Le pub enfumé, bourré jusqu'à la gueule, manifesta un vif soulagement.

– C'est un accident, précisa Grampian MacDuncan. Un imbécile de touriste qui ne connaît rien au loch et s'est égaré sur ses rives ; l'incident est clos.

La bière brune coula à flots ; le colosse joua aux fléchettes et, comme d'habitude, les ficha toutes au centre de la cible.

*
**

Tullibardine Zohar s'était installée non loin des ruines du château d'Urquhart, sinistres dans la grisaille humide du crépuscule. Là, en 1746, de courageux Écossais avaient été massacrés par l'envahisseur anglais ; aucun de leurs descendants n'avait pardonné. Le sang des martyrs criait encore vengeance. Bâti sur un piton qui s'avançait dans les eaux du loch, le château blessé évoquait un phare dressé dans la brume, un poste de surveillance offert aux fantômes des suppliciés.

Malgré l'intervention du chef du clan, les rumeurs circulaient. La police locale n'était pas parvenue à identifier la victime ; l'examen du cadavre tendait à démontrer, d'après une information non contrôlée, que le malheureux ne se serait pas noyé par accident. Des langues perfides évoquaient déjà un assassinat et décrivaient d'horribles traces de griffes. Le monstre du loch Ness ne venait-il pas de frapper un imprudent ? Ces terribles suppositions ne sortaient pas encore des villages de la région repliés sur eux-mêmes ; on finirait sans doute par oublier et le quotidien reprendrait ses droits.

Un tronc d'arbre dérivait vers un rocher ; soudain, une vague un peu plus forte que les autres souleva une branche. L'incident attira le regard de la jeune fille qui se concentra sur l'épave. Non, ce n'était pas une branche puisqu'elle se terminait par... une main ! Le cadavre, qu'elle avait pris pour un tronc d'arbre, vint s'échouer à ses pieds.

Il était plus horrible que le premier. Ses vêtements étaient déchirés ; partout, des traces de griffes.

Tullibardine Zohar s'évanouit.

## CHAPITRE II

L'ex-inspecteur-chef Higgins travailla pour la mille et unième fois la « marche turque » de Mozart ; la fausse note le surprit à la trente-cinquième mesure pour la main gauche ; sans doute était-il parti un peu vite. Dépité, il se rabattit sur le sublime adagio de la sonate numéro 2 qui convenait à merveille au temps gris et pluvieux qui baignait *The Slaughterers,* le village du Gloucestershire où avait été édifié le manoir familial que son actuel propriétaire qualifiait modestement de cottage. Il s'agissait de l'une de ces vieilles demeures où aucun mur n'est droit, où les portes jouent avec l'humidité, où le bois craque la nuit, où chaque hiver apporte son cortège de réparations coûteuses, mais où les richesses du passé et la patine de l'âme font couler la vie comme un fleuve de miel. Higgins ne se lassait pas du toit d'ardoise, des murs de pierre blanche, des hautes cheminées et de la façade rythmée selon le Nombre d'Or.

Ce matin-là, après une longue toilette qui s'était terminée par le choix d'un parfum de chez *Crabtree and Evelyn,* il dégusta un pur arabica qu'un maître de la torréfaction préparait spécialement à son intention. Higgins était le seul sujet de Sa Gracieuse Majesté qui avait horreur du thé ; préserver ce lourd secret avait été l'une de ses tâches les plus ardues.

L'ex-inspecteur-chef fut surpris de ne pas voir surgir

Trafalgar, le chat siamois qui avait choisi de vivre à ses côtés ; d'ordinaire, il le gratifiait d'un câlin matinal, assorti de ronronnements dont la traduction était claire : ils réclamaient le menu du petit déjeuner sans lequel Trafalgar se serait montré de méchante humeur. Dans sa cuisine privée, Higgins lui préparait de succulents petits plats ; rien n'était trop bon pour un ami fidèle. Lorsque Higgins avait quitté le Yard pour des raisons de convenance personnelle, le siamois ne lui avait fait aucun reproche ; au contraire, il s'était comporté en hôte agréable, acceptant que l'ex-inspecteur-chef passât désormais le plus clair de son temps à tondre sa pelouse, à cultiver ses roses et à lire les bons auteurs.

Higgins beurra un toast et le nappa de marmelade d'Oxford en songeant à l'aide précieuse que Trafalgar lui avait apportée en maintes occasions, lorsqu'une enquête piétinait ; par son contact, il lui offrait ses dons de médiumnité grâce auxquels l'homme du Yard franchissait la muraille d'une énigme et percevait la vérité qu'un assassin croyait avoir définitivement occultée.

Le toast était à point, juste assez chaud, et la marmelade onctueuse ; pas un gramme de produit chimique ne la dénaturait. Les deux fenêtres de la cuisine privée de l'ex-inspecteur-chef s'ouvraient sur une pelouse d'une impeccable tenue où jouaient rouges-gorges et mésanges. Dans moins d'une demi-heure, Higgins se perdrait dans les bois environnants. Bien des sentiers solitaires dispensaient une qualité de recueillement qui purifiait l'esprit. Pour un enquêteur qui avait identifié tant de criminels et s'était mêlé à tant d'affaires abominables où les turpitudes humaines s'entassaient dans un puits sans fond, cette discipline était indispensable.

L'absence de Trafalgar devenait inquiétante. Il lui arrivait parfois de se repaître d'une grasse matinée, mais l'odeur du bacon, du jambon d'York et des harengs l'aurait réveillé. Comme le siamois n'était pas fugueur et que la froidure du petit matin ne lui convenait guère, il se trouvait forcément dans la maison. Inquiet, l'ex-inspecteur-chef termina son breakfast avec une hâte préjudiable à la digestion.

De taille moyenne, l'œil malicieux et vif, les cheveux noirs et les tempes grisonnantes, la lèvre supérieure ornée d'une moustache poivre et sel aux poils lissés d'une manière parfaite, Higgins inspirait confiance. Calme, apaisant, débonnaire, il avait obtenu quantité de confessions et d'aveux sans avoir recours à la moindre violence. Né sous le signe du chat selon l'astrologie orientale, il cachait les qualités du félin sous une allure de père tranquille. Considéré par ses collègues comme par ses supérieurs comme le meilleur « nez » du Yard et le spécialiste des cas les plus délicats, il était promis à la plus exceptionnelle des carrières ; beaucoup voyaient en lui le futur grand patron. Mais Higgins détestait l'autoritarisme et l'hypocrisie ; ni les honneurs, ni l'argent ne pouvaient l'acheter ou lui faire abandonner les principes de rectitude qui guidaient son existence. Bien qu'il eût quitté le Yard, le Yard ne l'avait pas quitté ; en certaines circonstances, il faisait appel à lui, tout en sachant que l'ex-inspecteur-chef était seul maître de sa décision et ne se pliait qu'à ses propres méthodes. D'aucuns murmuraient que la famille royale, fort reconnaissante envers Higgins d'avoir évité plusieurs scandales préjudiciables à l'honneur de la Grande-Bretagne, le tenait en haute estime.

À contrecœur, il franchit le domaine qui le séparait du domaine de Mary. La robuste gouvernante avait traversé deux guerres mondiales et une pléiade de crises économiques sans la moindre égratignure ; indestructible, elle ignorait la notion même du rhume et accusait Higgins de jouer le malade imaginaire en se plaignant sans cesse de son arthrite. Fervente adepte d'un progrès que l'ex-inspecteur-chef jugeait dévastateur et inutile, elle avait installé la télévision dans sa cuisine et supprimé les sonnettes à pied ; malgré les mises en garde répétées de Higgins, elle s'acharnait à épousseter son bureau et à déplacer ses papiers.

Mary n'éprouvait aucune confiance en Scotland Yard,

qu'elle qualifiait de repaire de brigands ; sa lecture principale était *The Sun* qui consacrait sa une aux crimes, aux viols et aux scandales.

Les poings sur les hanches, Mary attendait Higgins de pied ferme.

– Vous voilà enfin !

– Que se passe-t-il ?

– Comme si vous ne le saviez pas !

– Je l'ignore tout à fait.

– Pfff... une parole de policier ! C'est vous qui êtes l'auteur de ce mauvais coup ; attendez-vous à des représailles.

– Je plaide non coupable.

L'œil noir de Mary exprima un léger doute.

– Venez voir.

Higgins la suivit. La gouvernante était en train de repeindre elle-même sa cuisine, avec une peinture vert clair d'un goût détestable. Partout, des housses.

– Regardez... là, à vos pieds.

Higgins se pencha.

– Je ne vois rien.

– Et vous ne sentez rien, peut-être ? Votre maudit chat a uriné à une bonne dizaine d'endroits !

Le délit n'était pas contestable.

– Il existe une explication que vous devez admettre : un siamois, comme tout félin, marque son territoire. Cette multiplication de housses a bouleversé son paysage et changé ses habitudes. Il n'avait pas le choix.

La sonnerie du téléphone empêcha Mary de rétorquer ; d'un geste sec, elle décrocha.

– Allô ? Qui ? Il ne manquait plus que vous ! Je vous passe votre « collègue » !

Elle jeta le combiné dans les mains de Higgins et lui tourna le dos, courroucée. Évitant de marcher dans les marques territoriales de Trafalgar, l'ex-inspecteur-chef écouta son correspondant.

– C'est bien vous, mon cher Marlow ?

– Puis-je venir vous voir sur l'heure ?

– Est-ce si urgent ?

– Plus encore que vous ne le pensez ; la réputation du Yard est en jeu.

– Fâcheux ; que se passe-t-il ?

– J'aimerais mieux ne pas en parler au téléphone.

– Eh bien, venez.

Higgins perçut un profond soupir de soulagement, juste avant de raccrocher.

– Quel châtiment comptez-vous infliger à votre maudit chat ? demanda Mary, sans se retourner.

– C'est un être sans défense... une solide réprimande me paraît adaptée.

– Qui va nettoyer ces saletés ?

– Appelez une entreprise spécialisée.

L'ex-inspecteur-chef battit en retraite.

Il retrouva Trafalgar dans sa propre cuisine, assis devant son auge vide ; les yeux du siamois riaient. Higgins renonça à le sermonner ; gaspiller les paroles, disaient les vieux sages d'Afrique, était aussi grave que répandre l'eau sans discernement. Aussi ne restait-il plus à l'homme du Yard qu'à préparer le repas que Trafalgar attendait avec impatience.

## CHAPITRE III

Scott Marlow était un bon policier, plutôt grincheux, bedonnant et mal habillé. Higgins ne lui adressait aucun reproche, dans la mesure où il le considérait comme un professionnel consciencieux, profondément attaché à son métier et dépensant son énergie sans compter. Marlow croyait aux vertus de la police scientifique et au progrès de la technologie qui permettraient, demain, d'identifier à coup sûr les criminels les plus chevronnés ; sur ce point, il était en contradiction formelle avec l'ex-inspecteur-chef qui, sans renier l'ordre et la méthode, savait qu'aucune machine ne remplacerait l'intuition, bien qu'elle fût difficile à manier.

Le superintendant Marlow arriva à *The Slaughterers* à onze heures quinze ; il gara sa vieille Bentley à bonne distance du porche du domaine de son collègue et termina le chemin à pied. Quand il tira la chaîne et fit sonner la cloche, Higgins ôtait des mauvaises herbes dans une allée sablée. Il vint ouvrir la grille.

– Bon voyage, superintendant ?

– Exécrable. Route glissante et contrôles de vitesse.

– Auriez-vous été importuné ?

– Retardé par des motards ; enfin, je suis là.

– Un remontant ?

– Ce n'est pas de refus.

Higgins introduisit Marlow dans un salon meublé de

souvenirs d'Orient, un paravent japonais ancien, un canapé « retour des Indes » et un buffet laqué de Cathay.

– Whisky ?

– C'est peut-être un peu tôt...

– Le *Royal Salute* est une médecine.

Marlow ne résista pas.

– Dans les circonstances actuelles, j'en ai besoin ; savez-vous ce qui se passe en Écosse ?

– Quelques concours de lancers de troncs d'arbres, la pêche au saumon, une exposition de kilts traditionnels et deux noyés dans le loch Ness.

Le superintendant sursauta.

– Qui vous a informé ?

– Un entrefilet du *Times*.

– Ah... l'information a été filtrée. Tant mieux.

– Quelle énigme se cache derrière ce drame ?

– Ce ne sont pas des suicides, mais des meurtres. Deux meurtres abominables.

– Pourquoi le taire ?

– À cause de l'identité de l'assassin.

Higgins sembla intéressé.

– S'agirait-il du monstre en personne ?

– Je le crains. Sur place, les témoignages concordent : les cadavres ont été déchiquetés par des griffes géantes. La police locale n'a pas osé conclure à un crime aussi invraisemblable, même si son rapport oral est dépourvu d'ambiguïté. La Couronne m'a demandé d'intervenir ; si le public était averti, à quels débordements assisterions-nous ?

– Croyez-vous à une mise en scène ?

– C'est évident ; il faut régler cette affaire au plus vite et arrêter les manipulateurs.

– Les victimes ont-elles été identifiées ?

– Hélas ! non, et ce sera très difficile ; l'assassin a coupé le bout des doigts. Pas d'empreintes, des corps mutilés et défigurés. On s'est acharné sur ces malheureux, comme si l'on exerçait une terrible vengeance.

– Possible.

Marlow regarda son collègue avec inquiétude.

– Vous ne pensez tout de même pas... que le monstre existe ?

– Ce serait un adversaire de taille ; lui passer les menottes serait l'un des plus beaux exploits de Scotland Yard.

Un instant désarçonné, Marlow se reprit.

– Acceptez-vous de me prêter main forte ?

Le superintendant, angoissé, n'osait espérer une réponse positive. Il connaissait trop l'esprit indépendant de l'ex-inspecteur-chef.

Ce dernier réfléchit longuement ; Marlow crut qu'il pesait le pour et le contre. En réalité, Higgins se remémorait ce qu'il savait sur le monstre.

– Attendez-moi quelques instants.

Higgins monta jusqu'au bureau du premier où Mary n'avait pas le droit d'entrer ; dans une cachette aménagée à l'intérieur d'un mur, il avait rangé les carnets noirs qui contenaient la vérité sur bien des affaires mystérieuses. Certains d'entre eux étaient des dossiers détaillés sur des énigmes non résolues.

Celle du monstre du loch Ness en faisait partie.

Puisque le destin lui adressait un clin d'œil, il eût été impoli de le dédaigner. Bien entendu, Higgins avait déjà classé l'entrefilet du *Times* dans son dossier « loch Ness » ; voilà longtemps qu'il enquêtait sur cet endroit mystérieux où s'étaient déjà produits d'étranges événements. Aucune investigation n'avait abouti à des résultats probants, comme si un meurtrier particulièrement astucieux se cachait derrière la légende pour accomplir ses forfaits.

Higgins n'aimait guère quitter son domaine ; sa valise de voyage, cependant, était toujours prête : blazers, pantalons en flanelle de chez *Trouser's,* chemises sur mesure, robe de chambre portant son blason, tubes d'Influenzinum de chez *Nelson's,* flacon d'Arnica teinture-mère contre les chocs, eau de toilette *Penhilagon's* en constituaient les éléments essentiels.

L'ex-inspecteur-chef enfila son imperméable *Tielocken,* capable d'affronter tempêtes et pluies diluviennes ;

le climat écossais, d'ordinaire clément, avait parfois des accès de rage.

Sur le seuil de la porte d'entrée, Mary veillait.

– Combien de temps partez-vous ?

– Honnêtement, difficile à dire.

Elle haussa les épaules.

– Encore une chasse au monstre !

– Vous ne croyez pas si bien dire.

– À propos de monstre...

– En ce qui concerne Trafalgar, je vous demande un armistice et vous présente ses excuses.

– J'ai bien tort de les accepter.

– Soyez aimable de ne pas trop forcer sur le poisson séché ; nous sommes dans la période où il préfère la viande rouge et les fruits exotiques.

## CHAPITRE IV

Scott Marlow détestait la campagne. Il ne se sentait à l'aise que dans les rues de Londres et, plus encore, dans son bureau du Yard où il avait installé un lit de camp et où il passait presque toutes ses nuits près de ses dossiers. Le vent, l'herbe mouillée, les chemins de terre... autant de déplaisirs et de gênes. Face au loch Ness, le superintendant, qui ne manquait pas de courage, éprouva l'une des plus belles peurs de son existence. L'une de ces terreurs qui partent du ventre, font trembler les jambes, montent vers le cœur et enserrent la tête dans un étau. Ces eaux noires, ces rives inhospitalières, ce château en ruines, ce ciel gris et bas formaient un paysage où se mouvaient des forces invisibles et hostiles contre lesquelles la loi et l'ordre semblaient impuissants.

Higgins, sanglé dans son *Tielocken,* se laissait battre par un vent violent qui arrivait du lointain, le long du Great Glen, et commençait à soulever d'énormes vagues.

– L'endroit me semble assez inhospitalier, estima Marlow.

– Quelque peu sauvage, je vous le concède.

– Un nouvel examen des cadavres permettrait peut-être de conclure à un déplorable accident.

– Dès la parution de l'entrefilet du *Times,* avoua l'ex-inspecteur-chef, j'ai su qu'il s'agissait d'un double meurtre.

– Pourquoi cette certitude ?

– Parce que le loch Ness ne rend jamais ses morts.

Marlow frissonna.

– Qui... affirme cela ?

– La tradition. Nous ne l'écoutons pas assez, aujourd'hui ; le progrès nous aveugle et nous rend sourds. La tradition est forgée par une multitude de petites vérités et d'expériences humaines vécues dans le cœur ; ce qu'elle avance, elle le sait de source sûre.

Malgré le froid, Marlow était en sueur. S'il existait un monstre dans les parages, c'était sûrement le site lui-même, qui se présentait comme le point d'aboutissement de la sinistre région du Great Glen, fissure ouverte des centaines de millions d'années plus tôt lorsque de terrifiantes convulsions avaient disloqué l'écorce terrestre. Nulle part ailleurs, le superintendant n'avait ressenti la fureur dévastatrice de ce cataclysme dont l'être humain gardait une sorte de souvenir au plus profond de lui. D'immenses glaciers, entamant l'œuvre inexorable de l'érosion, avaient engendré le loch Ness dont des spécialistes prétendaient qu'après cette période, il avait été quelque temps un bras de mer ; sédiments et coquillages fossiles semblaient leur donner raison.

Les deux hommes ne parvenaient pas à quitter des yeux ce lac effilé et droit, couvrant une surface de cinq mille six cents hectares ; les eaux noires se déployaient sur une longueur de trente-cinq kilomètres, alors que la largeur moyenne ne dépassait pas trois kilomètres. Goulot infernal, il se perdait dans un horizon aussi inquiétant que tentateur.

– Que diriez-vous d'une promenade en barque, mon cher Marlow ?

Le superintendant sursauta.

– Higgins ! Vous n'y pensez pas !

Une vague puissante s'écrasa sur un rocher et aspergea le promontoire sur lequel se trouvaient les deux policiers.

– C'est peut-être un peu prématuré, en effet ; mais nous devrons y songer sérieusement. Puisque le loch fait figure de suspect principal, l'interroger de près est indispensable.

Si sa vieille Bentley avait été capable de reprendre la route sur-le-champ, Marlow aurait peut-être cédé à un mouvement de fuite ; mais le sens du devoir fut le plus fort.

– Rendons-nous à Inverness, proposa-t-il ; la police locale a peut-être progressé.

*
**

Les autorités compétentes faisaient grise mine. À l'exception des battues qu'organisaient les chasseurs de monstres, la région était plutôt calme. Le seul meurtre commis depuis dix ans était le fait d'un bûcheron qui avait lavé dans le sang l'honneur de sa jeune sœur traitée d'« Anglaise » par un soupirant éconduit ; rien de plus qu'un acte de légitime défense.

– Quelles sont vos conclusions ? demanda Higgins au légiste qui étala sur son bureau les photos abominables des deux corps mutilés et lacérés.

– C'est tout à fait bizarre... ces cadavres ne sont pas tout jeunes. Difficile de dater le décès, mais il n'est pas récent ; chose curieuse, j'ai relevé des traces de terre dans les vêtements. Il m'apparaît certain qu'ils n'ont pas séjourné dans l'eau. Cela contredirait l'opinion générale.

– À savoir ?

– Tout le monde est persuadé que Nessie les a frappés lors d'une promenade en barque et immobilisés au fond de l'eau. Le monstre n'est pas méchant, d'ordinaire ; mais ses griffes sont si énormes qu'il a dû les tuer en les effleurant. Par jeu, peut-être ?

Marlow se demanda s'il n'était pas tombé dans un asile de fous et si le légiste, homme d'apparence sérieuse et rangée, avait encore toute sa tête.

– Si Nessie les avait bloqués au fond du lac, ils seraient différents ; les tissus seraient davantage gonflés. Pour être franc, je ne comprends pas.

– Quelle est sa profondeur ?

– Personne ne le sait, inspecteur. Pour rassurer les touristes, on parle de trois cents mètres mais une expérience militaire, qui date de 1918, avance le chiffre de mille six cents mètres. Un marin assure que ses mesures lui ont procuré un résultat effarant : plus de dix mille mètres !

– Le *Bathymetrical Survey* n'a-t-il rien publié ?

– Si, en 1911 ; l'eau du lac est très opaque dès que l'on s'enfonce à plus de quinze mètres. De nombreux morceaux de tourbe en suspension réduisent la visibilité à presque rien ; aucun plongeur n'ose s'aventurer bien longtemps dans ce milieu hostile, dont la température demeure presque constamment à cinq degrés. Bien sûr, l'eau est plus tiède en surface, mais il ne faut pas s'y fier.

– Je crois savoir qu'il ne gèle jamais.

– Exact. Il est trop profond, sans doute ; l'hiver, la neige ne tient pas autour du lac qui fonctionne comme un formidable réservoir de chaleur.

Marlow, jugeant que Higgins se dispersait sur des routes secondaires, revint à l'essentiel.

– Est-il vraiment impossible d'identifier les noyés ?

– J'ai transmis le dossier à Scotland Yard.

– Excellente initiative ; l'ordinateur central nous fournira la réponse. Vous misez donc sur des touristes ?

– À coup sûr. Sinon, Grampian MacDuncan les aurait reconnus.

– De qui s'agit-il ?

– Du plus important propriétaire terrien de la région et du chef du clan local. Le loch Ness et ses environs sont un peu son domaine réservé ; rien de ce qui s'y passe ne lui échappe. Je vous préviens : il n'est pas commode et déteste les Anglais.

– Je suppose que c'est un géant barbu qui lance des troncs d'arbre et soulève des rocs ?

– On ne saurait mieux le décrire, inspecteur ; personne n'ose se frotter à lui.

– Il ferait donc un excellent coupable, suggéra Higgins.

Le légiste s'insurgea.

– Grampian ? Vous n'y songez pas ! Il parle, et l'on obéit. Quel intérêt aurait-il eu à supprimer deux pauvres bougres ? Ce n'est vraiment pas dans son style.

– On peut en changer, estima Marlow, lorsque les circonstances l'exigent.

– Ce n'est pas son cas ; il est craint et respecté.

– Même de la police ?

Le praticien baissa les yeux.

– Un chef de clan est un chef de clan. Vous feriez fausse route, messieurs, en l'importunant.

– Où habite-t-il ?

– Dans le petit village de Hauntedloch, mais...

– Mais ?

– En principe, il n'est pas ouvert aux étrangers.

Le superintendant s'emporta.

– Nous sommes en Grande-Bretagne, que je sache ! La liberté de circuler fait partie des droits civiques.

– Vous êtes au loch Ness ; la loi, ici, c'est Grampian MacDuncan qui la dicte.

## CHAPITRE V

Le confort du petit hôtel d'Inverness était assez rudimentaire et le breakfast plutôt sommaire ; Marlow n'y prêta guère attention tant son estomac était retourné.

– Avez-vous lu la presse, Higgins ?

– Pas encore.

– Regardez : c'est une catastrophe !

*Le retour du monstre* ; *Série d'assassinats au loch Ness* ; *Dix cadavres déchiquetés, le cœur arraché, retirés du fond du lac* étaient les titres les plus discrets et les moins racoleurs.

– On dirait que le secret de l'enquête a fait long feu.

– Que va dire la Couronne ?

– Elle vous recommandera d'identifier l'assassin beaucoup plus vite que prévu et d'empêcher toute panique.

– Avec quels moyens, par saint George !

– L'ordre et la méthode, mon cher Marlow ; monstre ou pas monstre, nous tâcherons de lever le voile.

Higgins connaissait la nature des tourments de Scott Marlow ; son plus cher désir était d'appartenir un jour au corps de protection rapproché de Sa Majesté Elisabeth II qu'il considérait comme la plus belle femme du monde. Pour y parvenir, il devait jouir d'états de service sans tache.

– Quelqu'un a prévenu la presse.

– C'est l'évidence, superintendant.
– Qui a commis cette indiscrétion ?
– Quelqu'un qui avait intérêt à la commettre.

Higgins ouvrit son carnet noir et prit quelques notes ; la pointe finement taillée de son crayon courait sur le papier avec un rythme soutenu. L'écriture était fine, rapide et lisible. L'affaire des disparus du loch Ness venait de débuter.

– Quelle est votre idée ?
– L'heure n'est-elle pas venue de prendre l'air ?

Marlow détestait la manie qu'avait Higgins de ne pas répondre aux questions qui l'embarrassaient. Têtu au point d'être obstiné aux yeux de ses collègues, l'ex-inspecteur-chef ne se confiait à personne et personne ne parvenait à le faire parler lorsqu'il avait décidé de se taire.

Au sortir de l'hôtel, une surprise de taille attendait Marlow et Higgins. En ce début de printemps glacial, Inverness était, d'ordinaire, une bourgade endormie. Les vingt-cinq mille habitants de la capitale des Highlands sommeillaient dans l'attente de la ruée estivale des touristes qui s'engageraient sur la route militaire du général Wade, en direction de Fort Augustus, afin de contempler le lac et de voir le monstre.

Cars bondés, voitures particulières et caravanes s'agglutinaient dans un gigantesque embouteillage, bien avant la saison ; journaux et radio, en diffusant les nouvelles relatives aux crimes, avaient provoqué cet afflux inattendu. Depuis la croisière en yacht de la reine Victoria, la promenade sur le loch faisait partie des distractions de bon ton, souvent agrémentée d'une partie de chasse au monstre qui attirait les meilleurs fusils et les plus subtiles cannes à pêche du Gotha. À la bonne époque, lorsque les rives du lac devenaient moins ténébreuses, l'aristocratie européenne éprouvait volontiers quelques frissons en traversant le lac.

Marlow se heurta à une troupe de boy-scouts qui partait camper sur les berges du loch Ness avec l'espoir d'apercevoir Nessie et de composer une belle chanson reprise en chœur autour du feu de camp ; une meute de photographes jaillit d'un camion, mitrailla les façades des maisons d'Inverness, et repartit en direction du loch. Dans les rues de la ville, des commerçants accrochaient des pancartes à la gloire du monstre et proposaient des tarifs réduits dans leurs établissements. Une féroce concurrence s'ouvrait sur le marché des chaises longues, des pellicules photographiques, des souvenirs en porcelaine ou en bois représentant Nessie et des longues-vues. Le couvre-théière à son effigie connaissait une vogue constante.

– C'est... de la folie !

– Du commerce, mon cher Marlow. La folie de notre époque, je vous le concède. Vous devriez prendre des mesures et réglementer l'accès aux sites où furent découverts les cadavres ; sinon, nous ne pourrons pas travailler tranquilles.

Scott Marlow se montra efficace. La police locale accepta de collaborer avec le Yard qui enverrait des renforts dans la journée ; le pays ne badinerait pas avec deux crimes particulièrement horribles, même si les commerçants d'Inverness criaient au miracle et remerciaient Nessie.

Pendant que le superintendant s'acquittait de ces tâches administratives, Higgins prit le pouls de la population locale. Elle craignait et aimait le monstre, devenu un compagnon familier même si, depuis quelques années, sa trop longue absence l'avait rejeté dans un anonymat déplorable. Personne ne songeait aux deux victimes ; seule comptait cette tonitruante résurrection.

Higgins offrit à Marlow une pinte de bière brune dans un pub animé où l'on vantait les mérites de Nessie.

– Des barrages seront établis dès demain, annonça le superintendant. Nous avons intérêt à travailler d'arrache-pied ; il faudra les lever quand la pression de l'opinion publique sera trop forte. Par où commençons-nous ?

– Par Hauntedloch.

– Excellent.

– Ce ne sera pas facile ; le village ne figure sur aucune carte.

– Mais... où sommes-nous tombés ?

– Cette région offre quelques particularités auxquelles nous devons nous adapter sans tarder, mon cher Marlow. Rassurez-vous ; un quidam m'a renseigné. Nous emprunterons le sentier qui suit le sommet des collines, en direction du château d'Urquhart, près duquel a été découvert le second cadavre, d'après le rapport de police ; nous passerons d'ailleurs devant la berge où le premier s'est échoué.

– Charmantes perspectives. Un détail m'intrigue : pourquoi le nom de la personne qui a trouvé les noyés n'est-il pas précisé ?

– Nous le demanderons à Grampian MacDucan ; lui seul doit être en mesure de nous répondre.

– Incroyable ! On jurerait que cette contrée n'est pas sortie du Moyen Âge !

– Le monstre du loch Ness est peut-être âgé de milliers d'années ; soyons sur nos gardes et ne nous étonnons de rien.

Le vent soufflait fort, mais ne parvenait pas à dissiper l'épaisse couche de nuages ; les deux policiers progressèrent sur le chemin qu'avaient emprunté, au XVIIIe siècle, les armées anglaises décidées à conquérir les Highlands. Le paysage demeurait sauvage ; de grands sillons plongeant vers le lac conservaient la trace des anciens glaciers.

Soudain, Marlow s'arrêta.

– Là-bas, Higgins, derrière le gros rocher...

L'ex-inspecteur-chef aperçut un bien étrange personnage. Une très vieille femme, vêtue de haillons et d'une peau de bête, brandissant un bâton noueux.

– Partez d'ici, étrangers ! Moi, Mary Kincraig, je vous jette une malédiction si vous franchissez cette frontière !

Les cheveux blancs, ressemblant à des filaments de laine, flottaient au vent, le regard brûlait, le bâton se levait et s'abaissait à une cadence rapide. Mais le danger venait du chien géant qui montrait ses crocs aux policiers sans émettre le moindre grognement. La bête était un composé inédit de berger allemand, de dogue, de bouvier des Flandres et de mâtin de Naples ; à vue d'œil, elle pesait près de soixante kilos et s'apprêtait à attaquer.

L'ex-inspecteur-chef avança d'un pas.

– Higgins ! Reculez, je vous en prie !

Le bâton noueux s'éleva vers le ciel gris.

– Que le monstre vous dévore, maudits curieux !

Le chien s'élança ; Marlow chercha son arme de service qu'il avait oubliée sur son bureau. Higgins demeura immobile et tendit la main droite vers le museau de l'énorme bête ; intriguée, elle flaira, huma et lécha. L'ex-inspecteur-chef s'accroupit et lui caressa la tête. Heureux, le chien roula des yeux sympathiques et laissa pendre une langue interminable. D'un geste très lent, Higgins sortit de sa poche un biscuit fourré au miel ; la bête l'avala avec une satisfaction évidente.

– J'avais prévu cette friandise pour le monstre du loch Ness, expliqua Higgins, mais tu sembles l'apprécier à sa juste valeur.

– Reviens, Lucifer ! éructa la sorcière.

À contrecœur, le chien obéit ; entre sa maîtresse et l'homme au biscuit, son choix intellectuel était fait. L'étrange couple disparut dans les fourrés.

– Vous avez pris des risques insensés, déplora Marlow.

– Cette bête avait une bonne tête ; je pouvais m'y fier.

## CHAPITRE VI

Malgré sa sauvagerie, le paysage était splendide. Higgins songea à l'*Ode au lac perdu* de J.B. Harrenlittlewoodrof, la poétesse promise au prix Nobel de littérature :

*Ô loch, ô loch, ô loch,*
*Toi le trois fois sombre, le trois fois profond,*
*Dont la noirceur océane s'unit à la roche oubliée,*
*Ô loch, tu perdures en ton éternité aqueuse.*

Un bruit sourd alerta Scott Marlow qui désespérait de trouver le village de Hauntedloch ; à deux mètres en contrebas, une barque venait d'accoster, chargée d'un filet de pêche. En jaillit un pêcheur aux longs cheveux roux que couvrait un béret ; il était vêtu d'un pull de laine et d'un kilt marron à la propreté douteuse.

– Vous cherchez quelque chose, messieurs ?

– Hauntedloch.

– Ah... vous êtes dans la bonne direction ; ce n'est pas un lieu d'excursion, d'ordinaire. Il n'y a rien à voir, là-bas.

– Voilà une originalité passionnante, estima Higgins.

– Je ne sais pas si des étrangers seront bien accueillis.

– D'une certaine manière, nous sommes attendus.

– D'une certaine manière, répéta le pêcheur, interloqué.

– Vous pourriez peut-être nous guider ?

– Eh bien... pourquoi pas ? Mon nom est Angus Glenbervie ; je suis né ici et je n'ai jamais quitté la région. Que peut-il bien exister, au-delà du loch Ness ?

– Nous avons croisé une femme et un énorme chien, rappela Marlow.

– Mary Kincraig, la sorcière... elle rôde souvent, par ici. Son chien et elle, c'est du pareil au même ! Quand il déambule seul, c'est qu'elle se tient à ses côtés, invisible. Elle est capable de tout, dit-on.

– Même de se débarrasser de gêneurs ?

– On ne l'a jamais prise sur le fait... mais on la soupçonne des pires forfaits.

– Songez-vous aux deux noyés ? interrogea Higgins.

– Ce serait plutôt Nessie, à mon avis.

– Le monstre ? s'étonna le superintendant. Mais il n'existe pas, c'est une légende !

– On voit que vous n'êtes pas d'ici, objecta le pêcheur. Moi, je l'ai vue ! Nessie a surgi à côté de ma barque alors que je naviguais tranquillement sur le lac... j'étais mort de peur ! D'un coup de queue, elle m'a renversé. Si je n'avais pas été proche de la rive, je me serais noyé.

« Encore un affabulateur qui abuse du whisky et de la bière », pensa Marlow, excédé.

– À quel moment s'est produit votre rencontre ? demanda Higgins.

– Un matin où les eaux étaient calmes, l'été dernier ; Nessie déteste la tempête et les vagues. J'étais parti pêcher le saumon ou, à défaut, une belle truite ; le loch est généreux, en poissons. Grampian MacDucan détient le record, avec un saumon de vingt-cinq kilos ! Belle prise, non ? J'aime aussi les anguilles ; elles sont bien grasses, dans le coin.

– La pêche au filet n'est-elle pas interdite ?

Angus Glenbervie sourit.

– Normalement oui ; mais le chef du clan m'a donné une autorisation spéciale.

– Nessie mange-t-elle du poisson ?

– Du saumon, ça ne m'étonnerait pas ; j'ai dû la déranger pendant son repas. C'est pourquoi elle a fait surface tout près de ma barque. Énorme, gigantesque... mon Dieu, quel monstre ! J'ai eu si peur que je suis tombé en arrière. Ma tête a heurté la poupe, je me suis évanoui quelques instants. Quand je suis revenu à moi, Nessie avait disparu.

– Vous vous contredisez, remarqua Marlow ; il y a un instant, vous affirmiez être tombé à l'eau.

– Non, non... ces moments-là sont si extraordinaires que les souvenirs sont parfois un peu confus !

– À quoi ressemble ce monstre ?

– Il est immense, a le dos rond et noir, une petite tête et un long cou ; quand il plonge, il provoque une vague énorme qui pourrait renverser un gros bateau. C'est Nessie qui a causé la mort de John Cobb, l'an dernier, quand il a essayé de battre le record de vitesse sur les eaux du loch ; avec son bolide de six mille chevaux, il voulait dépasser trois cents kilomètres à l'heure. La tentative avait bien démarré, Cobb suivait son itinéraire balisé, il était proche du succès ; soudain un remous inexplicable ! Pour moi, un accès de mauvaise humeur du monstre que le tintamarre avait dérangé. Ce n'est pas une preuve ça ?

Le trio arriva en vue d'un groupe de maisons basses en pierre grise ; des moutons, éparpillés dans la lande, grignotaient l'herbe et la bruyère.

– Hauntedloch, annonça le pêcheur. Le plus gros bâtiment, au milieu, c'est le pub. Le chef du clan habite dans le nid d'aigle, là-haut, à droite.

Angus Glenbervie désigna une petite forteresse à l'allure rébarbative ; sa toiture était crénelée et sa couleur brunâtre se fondait dans le paysage.

– À gauche, sur le monticule, c'est l'antre de la sorcière, Mary Kincraig.

« Antre » était un terme trop élégant ; il ne s'agissait que d'un amas de pierrailles, de boue et de troncs d'arbres formant une sorte de hutte préhistorique d'où s'échappait une fumée nauséabonde, provenant de la tourbe utilisée comme combustible.

– Moi, ajouta le pêcheur, j'habite à côté du pub : la

petite maison ornée d'un vieux filet dont se servaient les chasseurs de monstre, au début du siècle.

Scott Marlow regrettait de plus en plus son confortable bureau du Yard dont Higgins déplorait le modernisme et le caractère impersonnel ; comment pouvait-on survivre dans cette bourgade hostile, fermée, datant d'un âge révolu ?

– Ce n'est pas pour dire, avança Angus Glenbervie, mais à votre place... je rebrousserais chemin.

– Quel danger courons-nous ? s'enquit Higgins.

– Nous n'aimons *vraiment* pas les étrangers par ici ; à la ville, c'est différent. Ils apprécient les touristes.

– Les deux noyés étaient-ils des étrangers ?

– Le travail m'attend, répondit le pêcheur avec hargne. Je vous aurai prévenus.

– Ne nous abandonnez pas.

– Désolé... je ne veux pas contrarier le chef du clan. Si j'entre avec vous dans son pub interdit aux étrangers, il m'étripe.

Anglus Glenbervie s'éloigna à pas pressés.

– Nous devrions peut-être tenir compte de ses avertissements, suggéra Marlow.

– Ce serait renoncer à l'autorité du Yard et revenir à la loi de la jungle.

Le superintendant fulmina.

– Vous avez raison. Allons-y.

## CHAPITRE VII

Le superintendant, martial, poussa la porte du pub. S'en échappa un torrent de fumée qui l'aveugla quelques instants ; cette défense passive ne l'empêcha pas de progresser. Higgins le suivit et découvrit à son tour une vaste salle où trônait un comptoir en cuivre brillant ; la plupart des consommateurs étaient debout, une chope de bière brune à la main. Quelques vieillards étaient assis autour d'une table couverte de graffitis.

Un silence agressif accueillit les visiteurs ; tous les regards convergèrent vers eux, telles des flèches destinées à les transpercer.

Un géant barbu, vêtu d'une veste à carreaux et d'un pantalon de velours orange, leur barra le chemin.

– C'est une propriété privée, messieurs ; vous feriez bien de sortir au plus vite.

– Un pub est un endroit ouvert à tous les citoyens adultes ; servez-moi une pinte de whisky des Highlands ou je vous dresse un procès-verbal.

– À quel titre ?

– Scotland Yard. Je suis le superintendant Marlow et voici l'inspecteur Higgins.

– Scotland Yard... c'est beaucoup d'honneur pour mon petit village ! Me voici confronté à un cruel dilemme : vous sortir de chez moi à coups de pied dans le derrière ou vous offrir mon meilleur whisky ?

– Optez pour la seconde solution, préconisa Higgins.

Le géant éclata de rire et donna la collée au superintendant.

– Foi de Grampian MacDucan, vous ne manquez pas de cran ! D'ordinaire, les Anglais sont des pleutres et des couards ; vous devez être de vilains petits canards noirs.

Il entraîna ses hôtes vers le comptoir où trois pintes furent immédiatement remplies d'un superbe liquide ambré ; Higgins et Marlow levèrent le coude en même temps que le colosse. MacDucan absorba un demi-litre de whisky sans respirer ; le superintendant s'étrangla, mais tint la distance. Quant à Higgins, il adopta un rythme, certes plus lent, mais tout aussi efficace.

– À présent, déclara l'Écossais en s'essuyant les lèvres, nous pouvons causer. Vous venez pour les deux cadavres ?

– On ne peut rien vous cacher.

Un vieillard s'exprima d'une voix tremblante.

– Vous vous croyez malins, là-bas, à Londres... nous, ici, on connaît la vérité. C'est le monstre qui a frappé. Ce n'est pas la première fois et ce ne sera pas la dernière ; les moines de Fort Augustus le savent depuis longtemps. Mais tout le monde a peur.

– Niaiseries, jugea Grampian MacDucan ; cette maudite bestiole n'existe que dans les cauchemars. Mais il vaut mieux prétendre le contraire.

– Pourquoi ? interrogea Marlow, échauffé par le whisky qui avait fait rougir la pointe de ses oreilles.

– Pour nourrir une bonne partie de la province ; Nessie est une excellente affaire commerciale. Des cohortes de crédules et d'imbéciles viennent dépenser leur argent à Inverness et dans les parages ; tant mieux pour nous ! Certains ont osé dire que le monstre était né de la vision d'un Écossais alcoolique ; ça ne tient pas debout. Sinon, il y aurait des dizaines de monstres dans les Highlands, à moins que ça ne soit vrai, en définitive... je vois assez bien cette vieille Nessie naître dans une mer de whisky. Si je l'avais aperçue, moi, je lui aurais lancé mon plus gros tronc d'arbre. J'ai une petite faim,... une panse de brebis farcie, ça vous dirait ?

Refuser eût été insultant.

– Je déteste les Anglais, précisa Grampian MacDucan ; savez-vous que c'est William Augustus, duc de Cumberland, le propre fils du roi George II, qui a entrepris l'extermination systématique de la population des Highlands, au milieu du XVIIIe siècle ? Cet assassin a lancé ses soudards dans nos montagnes et dans nos vallées après avoir incendié la ville de Kilcumeir, aujourd'hui baptisée... Fort Augustus ! Quel scandale... on reviendra à l'ancien nom, croyez-moi. Augustus a massacré, incendié, pillé, violé ; il se plaisait à égorger des moutons après avoir passé des familles entières au fil de l'épée. Les rares survivants s'exilèrent ou se réfugièrent dans la montagne où beaucoup moururent de faim et de froid. En 1746, le Parlement anglais a même interdit aux chefs de clan de porter le plaid ancestral ! La loi, ici, c'est moi qui la fais.

Scott Marlow bouillait en silence. Le passé était le passé ; à présent la Grande-Bretagne connaissait une unité qu'aucun particularisme ne devait briser. Nostalgique de l'empire de la reine Victoria, le superintendant jugeait criminelles ces tentatives de sédition.

– Mon but, poursuivit Grampian MacDucan, est de bouter les Anglais hors des Highlands ! La guerre de reconquête partira d'ici, de Hauntedloch, et nous ne ferons pas de quartier !

Applaudissements et « hourras » saluèrent cette déclaration enthousiaste.

– Un bon Anglais est un Anglais mort, asséna l'un des vieillards en crachant sa chique.

– À propos, intervint Higgins d'une voix apaisante, les deux noyés étaient-ils anglais ?

La question sema le trouble ; le géant s'échauffa.

– Personne ne les connaît. Ce sont des étrangers.

– La police n'est pas encore parvenue à les identifier, déplora Marlow.

Grampian MacDucan éclata d'un rire si tonitruant que les vitres du pub tremblèrent.

– La police ! C'est moi, la police ! Ici, inspecteur, vous êtes sur le territoire de *mon* clan, vous marchez sur *mes* terres, et vous parlez à *mes* gens. Nos problèmes, nous les réglons entre nous.

L'assistance se déchaîna à nouveau ; Higgins attendit que le calme revînt.

– Dans les circonstances présentes, déplora-t-il, Scotland Yard est obligé d'intervenir ; il s'agit de deux meurtres, commis avec une rare cruauté.

– Eh bien, arrêtez le monstre !

– C'est une piste que je ne négligerai pas. L'un de vos gens est-il assez robuste pour porter des valises ?

Le chef de clan fronça les sourcils.

– Qu'est-ce que ça signifie ?

– L'escalier qui se trouve sur la droite mène bien à l'étage ?

– Certes, mais...

– Le superintendant et moi-même logerons ici pour les besoins de l'enquête. Vous nous obligeriez en allant chercher nos bagages à Inverness.

Scott Marlow s'attendit à une réaction violente de la part de l'Écossais, suivie d'une émeute et de voies de faits.

Grampian MacDucan tapa violemment sur l'épaule de Higgins qui s'était préparé au choc, selon l'enseignement reçu en Orient.

– Vous êtes un gaillard, et ça me plaît !

– Que votre clan se rassure, dit Higgins avec bonhomie ; nous identifierons l'assassin.

## CHAPITRE VIII

Les chambres du pub de Hauntedloch étaient d'une austérité médiévale ; lit haut et étroit, armoire en pin, parquet grinçant, cruche en terre, bassin à ablutions. Le citadin Marlow essuya une vague de déprime ; Higgins le consola en lui rappelant que les conditions de vie les plus strictes forgeaient des âmes droites et des corps sains ; si les rhumatismes attaquaient en force, l'ex-inspecteur-chef utiliserait les grands moyens : un composé d'Arnica et de Rhus Toxicodendron qui déverrouillait les articulations et atténuait l'inflammation.

Higgins s'endormit, sitôt la tête posée sur l'oreiller. Il passa une excellente nuit, peuplée de nouvelles espèces de roses, du sourire d'une jeune Niçoise et de la douceur caressante d'un siamois.

Le visage fripé du superintendant et son dos voûté traduisaient une fatigue certaine ; à première vue, il ne semblait pas en excellente forme.

– Je suis tombé trois fois du lit, expliqua-t-il ; j'ai dû me casser une côte.

– Me permettriez-vous de poser un diagnostic ?

– J'ai mal là, sur le côté gauche...

Higgins examina l'endroit douloureux et massa un point d'acupuncture.

– Rien de grave ; ce soir, vous ne ressentirez plus aucune douleur. Si nous prenions un solide breakfast ?

La grande salle du pub était déserte, de même que la cuisine attenante. Par bonheur, Higgins découvrit des œufs frais, du bacon et du café.

– Je n'ai pas faim, gémit Scott Marlow.

– De rudes épreuves nous attendent ; il faut vous sustenter.

Le superintendant grignota à contrecœur ; appréciant la cuisine de Higgins, il finit par absorber une double ration. Dehors, il pleuvait. Une pluie fine, persistante, froide. Le *Tielocken* était de rigueur.

– Commençons par la petite plage rocheuse où fut découverte la première victime, proposa Higgins.

Sans entrain, Marlow dévala une pente rocheuse en prenant soin de mettre les pieds de travers ; il se demandait où son collègue puisait l'agilité de chèvre qui lui permettait de se faufiler entre les obstacles sans gêne apparente.

L'ex-inspecteur-chef avait suivi à la lettre le plan que lui avait transmis la police locale ; aussi s'étonna-t-il de trouver, sur les lieux du crime, un homme accroupi qui examinait, avec la plus grande attention, la berge et les eaux sombres du loch Ness.

Malgré le bruit des pas, le craquement des brindilles et le roulement des cailloux, l'homme ne se retourna pas. Higgins se vit dans l'obligation de toussoter.

– Chut ! ordonna l'inconnu.

L'arrivée brutale de Marlow, qui dérapait sur une plaque de mousse, ne fut pas des plus discrètes. Cette fois, l'observateur de la nature sortit de son mutisme.

– Pourrais-je travailler en paix ?

– Après avoir répondu à quelques questions, peut-être.

L'inconnu se releva, une épuisette à la main. Il était jeune, bien bâti et distingué ; la trentaine sportive, le teint hâlé, il donnait une impression de vigueur et de bonne santé. Ses cheveux blonds gardaient un air d'enfance. Il portait une veste de cuir et un pantalon de marin à larges revers.

– Des questions ? Mais qui êtes-vous donc ?

– Scotland Yard. Inspecteur Higgins et superintendant Marlow.

– La police... pour quelle raison ?

– Vous opérez sur les lieux du crime.

– Quel crime ?

– Un noyé a été repêché à l'endroit même où vous vous trouvez.

– Vous parlez d'un accident ?

– Il s'agit bien d'un assassinat ; ne lisez-vous pas les journaux ? s'étonna Marlow.

– Voilà plus de trois semaines que je vis dans le plus complet isolement.

– Où résidez-vous ?

– Ici, répondit l'homme en désignant une tente à une place, plantée à quelque distance de la berge.

– À quelle activité vous livrez-vous ?

– Mon nom est Napton Norbury ; je suis paléontologue, diplômé de Cambridge.

Higgins, lui aussi ancien de Cambridge, fut soulagé ; le dialogue était beaucoup plus difficile à établir avec les féaux d'Oxford.

– La région est-elle si riche en vestiges préhistoriques ? questionna-t-il.

– Le plus célèbre d'entre eux est peut-être vivant : le monstre du loch Ness.

Scoth Marlow s'indigna.

– Comment un savant peut-il croire à une telle ânerie ?

– Je comprends votre scepticisme ; dans ma thèse de doctorat, j'ai violemment combattu l'existence de cette bête en réfutant une documentation truquée ou fumeuse. Des érudits locaux m'ont troublé en m'envoyant des témoignages que j'ignorais ; piqué au vif, j'ai décidé de venir vérifier sur place et de me livrer à une série d'expériences. Au bout du compte, je saurai s'il est possible qu'un animal préhistorique vive dans les eaux du lac.

– Déjà des résultats ?

– Pas encore, mais une belle récolte d'échantillons qui devront être analysés avec minutie. Seule la comparaison des paramètres me permettra d'aboutir à une conclusion. À dire vrai, je demeure persuadé que ce monstre est une superbe escroquerie ; si une preuve scientifique apparaît, je suis prêt à réviser ma position. Selon les experts du British Museum, ce que la plupart des témoins ont pris pour le monstre est un tronc d'arbre à moitié pourri ; il remonte brusquement à la surface lorsqu'une quantité suffisante de gaz s'est accumulée dans ses cellules. Rien d'étonnant, avec le nombre de végétaux en décomposition dans le lac ; une poche de méthane se libère, et voilà notre tronc d'arbre qui jaillit comme un monstre surgi du fond des âges.

– Comment avez-vous été accueilli ? s'enquit Higgins.

– Très mal. J'ai tenté de louer une chambre au petit village voisin, mais un géant roux m'a chassé en me menaçant de sa hache. Dans ma profession, nous sommes habitués aux milieux les plus hostiles ; je ne pars jamais sans un équipement approprié. J'ai planté ma tente ici et je ne me plains pas ; j'ai parfois entendu des bruits bizarres la nuit, mais personne ne m'a agressé. On n'aime pas trop les étrangers, dans le coin ; cela ne m'empêchera pas de mener mes recherches à leur terme.

– Combien de temps dureront-elles ?

– Une quinzaine de jours ou un peu plus. Ensuite, le laboratoire, les expertises et les contre-expertises. Je veux des certitudes, pas des approximations.

– Et si le monstre existe ?

Napton Norbury parut perplexe.

– J'alerterai les autorités scientifiques compétentes et nous mènerons une campagne de prospection.

– Sur quoi portait exactement votre thèse ?

– La survivance des grands sauriens.

Higgins prit des notes sur son carnet noir ; le fait n'échappa pas au scientifique.

– Qu'écrivez-vous, inspecteur ?

– Je résume vos déclarations.

– À quoi pourront-elles servir ?

– Dans une enquête criminelle, il ne faut rien négliger ; la lumière vient souvent d'un endroit inattendu.

– Je vous rappelle que j'ignore tout de ce crime.

– Vous y êtes peut-être mêlé sans le savoir.

– Moi ? Mais ça n'a aucun sens !

– L'avenir nous le dira. Pourrais-je vous demander un service ?

Le paléontologue, vexé, se rétracta.

– Dites toujours.

– J'aimerais que vous vous rendiez à Inverness, en compagnie du superintendant, afin d'y examiner des documents.

– Je ne suis pas policier.

– Votre aide nous sera cependant précieuse.

– Comme vous voudrez.

# CHAPITRE IX

Une aube blafarde se leva sur le loch Ness.

Napton Norbury s'étira, bâilla et se déplia. Avec une vigueur vite retrouvée, il sortit de sa tente et se lava avec l'eau du lac dont la réputation de douceur était justifiée. Il se rasa et revêtit un costume de tweed qui lui donnait une allure respectable. Il ferma la tente, en cadenassa l'accès et grimpa le sentier en direction de la route où l'attendait la voiture du Yard.

Une dizaine de minutes après son départ, une silhouette sortit d'un buisson et se dirigea sans le moindre bruit vers la tente. Une main expérimentée vainquit l'obstacle du cadenas ; puis la silhouette se glissa à l'intérieur de la maison de toile.

*
**

Le jeune paléontologue était bouleversé ; le cœur au bord des lèvres, il ferma longuement les yeux.

– Pardonnez-moi... je n'ai pas l'habitude. Ces photos sont si horribles, si terrifiantes...

– Je vous comprends, déclara Scott Marlow ; malgré l'expérience, je ne supporte pas ce genre de spectacle. Prenez le temps de vous reprendre.

Napton Norbury accepta un verre d'eau-de-vie qu'il avala cul sec.

– Ça fait du bien... je peux en avoir un autre ?

Scott Marlow s'exécuta.

– Quand vous aurez recouvré vos esprits, vous me donnerez vos conclusions.

– Je vais mieux... et le constat est si clair !

– Que voulez-vous dire ?

– Ces traces de griffes, ces blessures abominables... aucun animal connu n'en est l'auteur ! Il faudrait admettre l'existence d'une créature préhistorique dotée de griffes énormes.

Le superintendant fut contraint de formuler l'hypothèse qui le contrariait.

– Le monstre du loch Ness ?

– Je n'en sais rien... mais c'est fort troublant. En tout cas, c'est une bête hors du commun.

– N'est-ce pas votre imagination qui bat la campagne ?

– Je ne crois pas... le paléontologue doit admettre les faits.

*
**

Après un rapide déjeuner au pub de Hauntedloch, où ils consommèrent de convenables harengs salés provenant du loch Fyne, Marlow et Higgins marchèrent sur la berge du loch Ness. La pluie continuait à tomber avec une parfaite régularité ; des nuages gris, très bas, masquaient les sommets des collines des Highlands ; çà et là, des rochers déchiquetés émergeaient des eaux noires. La brume était si dense qu'on ne distinguait plus les ruines du château d'Urquhart.

– C'est sinistre, estima Marlow.

– Le paysage ne manque pas de grandeur ; il repousse l'homme, mais qui pourrait le lui reprocher ?

Le superintendant remonta le col de son imperméable mal coupé.

– J'ai montré les photos des cadavres au paléontologue.

– Sa réaction ?

– Plutôt inattendue : il est persuadé qu'un monstre préhistorique est l'auteur de ce massacre.
– Curieux, en effet. Ses arguments ?
– Une simple hypothèse d'après l'examen des marques.
Higgins s'arrêta et prit des notes.
– Grotesque, jugea Marlow.
– Peut-être pas.
– Le monstre du loch Ness n'existe pas, Higgins !
– Soyons prudents, superintendant ; un monstre peut en cacher un autre. L'avis d'un scientifique de Cambridge peut orienter nos recherches.
– Vous m'aviez parlé d'une expédition.
– Je l'ai menée à bien. Il m'a fallu, hélas, procéder à une effraction.
Scandalisé, le superintendant se tourna vers son collègue.
– Ce n'est pas possible...
– C'était indispensable, mais il ne reste aucune trace. J'ai dû pénétrer dans la tente de cet étrange paléontologue afin de m'assurer de sa qualité.
– Quels furent... les résultats ?
– Du matériel scientifique, des instruments de mesures, des blocs-notes, des stylos, des conserves et un document significatif.
– Je ne devrais pas vous écouter, mais les nécessités de l'enquête... de quel document s'agit-il ?
– Une photographie datant de 1933 et signée « British Aluminium ».
– Que représente-t-elle ?
– D'après la légende, le monstre du loch Ness en personne. Il faudrait y voir le dos et la queue d'une énorme bête.
– Vous semblez sceptique.
– À part une masse grise et un cliché bien bouché, rien de décisif.
Le superintendant reprit contenance.
– Nous retombons enfin sur terre ! Moi, j'ai plus sérieux. Les vêtements des deux cadavres ont été exami-

nés par le laboratoire d'Édimbourg ; il s'agit de costumes de qualité moyenne. La laine est d'origine anglaise. Nous sommes donc bien sur la piste d'étrangers à la région.

– Intéressant.

– Je tirerai sur ce fil, croyez-moi ; le laboratoire central du Yard va se mettre sur l'affaire.

Marlow était persuadé que les méthodes de la police scientifique seraient un jour plus rapides et plus efficaces que la fameuse intuition de Higgins ; identifier les victimes serait probablement un jeu d'enfant, et leur nom mènerait à l'assassin.

*
**

À la tombée de la nuit, Grampian MacDuncan, deux cadavres de lièvres à la ceinture, pénétra dans son pub. L'un des vieux se leva et lui présenta sa pipe bourrée d'un tabac noir à l'odeur entêtante. Le chef du clan vida une première chope de whisky pour se désaltérer et une seconde pour goûter la cuvée du trimestre. Regaillardi, il remarqua enfin la présence des deux policiers de Scotland Yard.

– Encore là, messieurs ? Cette affaire est pourtant réglée, me semble-t-il !

– Pas tout à fait, objecta Higgins.

Le géant frappa du poing sur le comptoir en zinc.

– J'ai dit que c'était réglé !

– Pas tout à fait, répéta l'ex-inspecteur-chef avec un calme imperturbable.

Le superintendant recula d'un pas et regarda de droite et de gauche, prêt à subir un assaut en règle. Grampian MacDuncan et Higgins se défièrent longuement du regard, l'ex-inspecteur-chef respectant un savant dosage de fermeté et de respect.

– Qu'est-ce qui vous manque, inspecteur ?

– Notre enquête n'est pas facile ; à l'exception de deux cadavres martyrisés, nous n'avons guère obtenu de certitudes.

– Tant pis pour vous.

– Quelqu'un a découvert les victimes ; son nom n'est pas mentionné sur le rapport de police.

– Je m'en moque.

– Ce nom, vous le connaissez.

Un silence total s'était établi dans le pub.

– Vous me prenez pour un indicateur ?

– Vous êtes le chef du clan ; moi, je veux un nom et je suis patient. Je vais interroger des dizaines de personnes, troubler l'existence de ce village pendant des semaines, des mois, peut-être déranger le monstre.

Un vieux dont la bouche ne contenait plus que trois dents jaunies brandit une canne sans quitter son siège.

– Tu peux parler, Grampian ! Cette fille ne fait pas partie du clan ; elle le déteste et le critique. Nous n'avons pas à la ménager.

Le chef du clan leva sa pinte.

– À ta guise, l'ancêtre ! La petite peste que vous cherchez, inspecteur, se nomme Tullibardine Zohar.

# CHAPITRE X

Inverness sortait de sa torpeur ; le château qui avait accueilli les souffrances de Macbeth prenait une allure pimpante, l'office du tourisme de Church Street était assailli par un millier de touristes surexcités, les vieillards du Dunbar's Hospital sortaient de leur hospice et se joignaient à la foule massée devant la Market Cross où des orateurs enfiévrés narraient les exploits du monstre du loch Ness. La capitale des Highlands connaissait une nouvelle jeunesse dont les commerçants étaient les premiers bénéficiaires.

Au sud de la ville, à proximité de l'endroit où le loch Ness se transformait en une petite rivière, une équipe d'ouvriers travaillait d'arrache-pied à édifier une immense cage métallique où le monstre, une fois capturé, serait enfermé.

– Ils sont devenus fous, jugea Marlow.

– Prudents, rectifia Higgins.

L'ex-inspecteur-chef demanda le chef charpentier, un homme d'une soixantaine d'années qui descendit sans se presser de son échafaudage.

– Vous vouliez me voir ?

– Scotland Yard. Superbe cage.

– Je n'en suis pas mécontent ; étant donné la taille de Nessie, il fallait bien ça.

– L'auriez-vous vue ? s'enquit le superintendant.

– Pour sûr ! Je roulais à bicyclette le long du loch, par un petit matin d'été, voilà vingt ans ; je n'avais bu qu'un thé très fort. Le soleil jouait dans les feuillages ; soudain, j'ai aperçu une masse noire, près du bord, entre deux buissons. Je me suis approché... et je l'ai aperçue ! Un long cou, une tête minuscule, de petits yeux qui se sont aussitôt tournés vers moi. Elle a eu peur, je suppose, et s'est très vite éloignée ; en plongeant, elle a déclenché une énorme vague ; pour sûr, elle avait une queue d'au moins trois mètres de long, deux nageoires et un corps plus gros que celui d'une baleine.

Higgins nota la description du charpentier, au grand dam de Marlow que ces fantaisies irritaient au plus haut point.

– On m'a parlé d'une jeune fille qui aurait récemment contemplé Nessie... une certaine Tullibardine Zohar.

Le charpentier fit la moue.

– Une véritable folle.

– Où pourrais-je la trouver ?

– Dans son petit manoir, au bord du loch, à quelques centaines de mètres d'Upper Foyers. Personne ne s'aventure par là ; on prétend que le coin est hanté.

– Les fantômes, dans la plupart des cas, sont très fréquentables. Ajustez bien les barreaux de votre cage ; les soubresauts du monstre pourraient être redoutables.

*
**

Un épais rideau d'arbres masquait l'étrange demeure de Tullibardine Zohar ; le petit manoir, à moitié mangé par une abondante végétation, était dans un état pitoyable. La tourelle menaçait ruine ; des pierres, descellées, ne tarderaient pas à tomber dans le lac. L'escalier principal, couvert de mousse, semblait mener au château oublié d'une belle à jamais endormie.

Scott Marlow partagea l'avis du charpentier.

– Seule une démente peut habiter un endroit pareil.

– Il ne manque pas de charme.

Comment Higgins pouvait-il apprécier cette décrépitude ? De plus, il fallait marcher avec précaution pour éviter de plonger le pied dans des trous d'eau.

– Tenez-vous à la rampe, recommanda Higgins.

Il n'existait ni cloche ni sonnette, mais la porte était ouverte. L'ex-inspecteur-chef la poussa et s'engagea dans un couloir humide qui conduisait à une vaste pièce dont les fenêtres donnaient sur le loch Ness. Le lieu était encombré d'une masse d'objets hétéroclites, croix celtiques, reliures anciennes, pièces de vaisselle, cadres vides, armes médiévales. Sur un canapé rouge était allongée une jeune femme aux longs cheveux blonds, vêtue d'une robe rouge.

Sa beauté éblouit les deux hommes ; elle tourna très lentement la tête vers eux. Leur présence ne semblait pas l'étonner.

– Pardon de vous importuner ; je suis l'inspecteur Higgins et voici le superintendant Marlow. Nous faisons une enquête sur les deux cadavres qu'ont restitués les eaux du loch.

– C'est moi qui les ai trouvés, avoua-t-elle avec un sourire triste. Quelle abomination... ces individus devaient être des malfaiteurs à la conscience chargée de crimes.

– Pardon ? s'exclama le superintendant. Vous les connaissiez ?

– Non.

– Comment pouvez-vous les juger ainsi ?

– Parce que Nessie ne tue pas au hasard. Elle protège le loch et ne détruit que les êtres pervers, animés d'intentions méchantes.

– Devons-nous comprendre que vous l'avez vue ? interrogea Higgins avec un bon sourire.

– Bien sûr.

– À quoi ressemble-t-elle ?

– Elle a une tête de chèvre avec deux petites cornes, un long cou et une sorte de jabot ; son corps, énorme, est marron et gris. Elle possède des nageoires qu'elle ne semble pas utiliser. Ses yeux sont très petits, mais très vifs, un peu comme les fentes d'un chat à l'affût ; quand elle plonge, elle déclenche une grosse vague et nage à vive allure avant de disparaître sous les eaux. Sa queue ne mesure pas moins de deux mètres. L'été dernier, Nessie s'est promenée assez longtemps près de la berge ; son long cou se dandinait dans la lumière du matin. Au moindre bruit, elle disparaît ; lorsqu'elle fait chavirer une barque, c'est souvent un accident. Mais quand elle entraîne ses ennemis au fond du lac, elle ne commet pas d'erreur.

Higgins feuilleta quelques bibles anciennes et des recueils de poèmes en gaélique, la langue traditionnelle des Highlands que la pratique de l'anglais n'avait pas fait disparaître.

– D'ordinaire, le loch Ness ne rend pas ses victimes, rappela-t-il.

– C'est vrai, reconnut-elle, alanguie. Savez-vous que ces lieux étaient autrefois une prairie verdoyante, un paradis terrestre abrité des vents et des tempêtes, où poussaient de grands arbres et des milliers de fleurs ? Les eaux douces du lac se prélassaient au soleil, l'herbe était grasse, la population riche et heureuse. Une source miraculeuse guérissait tous les maux, faisait voir les aveugles et entendre les sourds. Le sage qui l'avait découverte avait ordonné à ses successeurs de la protéger en l'environnant d'un cercle de pierres. Et puis le malheur est venu. On a oublié les recommandations du sage, négligé de former le cercle et de reposer les pierres après s'être désaltéré à la source. Celle-ci tarit aussitôt ; le lac gonfla, devint furieux, envahit la vallée, dévasta champs, prairies et vallées. Le loch Ness était né.

– D'où vient le monstre ?

– Nul ne le sait ; mais il est chargé de protéger ce lieu de misères où l'humanité expie ses fautes et d'exécuter les commandements de Dieu.

« Encore une folle à interner d'urgence », pensa Marlow, peu accessible aux élans mystiques, surtout lorsqu'ils se mélangeaient à la vision d'un monstre imaginaire.

– Vous êtes très jeune, mademoiselle.

– J'ai dix-sept ans.

Elle se déploya avec la grâce d'une ondine ; il y avait dans ses gestes une ondulation irréelle qui semblait provenir d'un autre monde. Elle jouait de ses longs cheveux blonds comme d'un instrument de musique et paraissait indifférente à la présence d'autrui ; rarement Higgins avait eu ce sentiment curieux d'être en même temps très proche et très loin d'une femme.

– Vivez-vous seule ici ?

– Je suis orpheline. Ma mère est morte à ma naissance ; mon père, fou de chagrin, la suivit dans la tombe un mois plus tard. Ils m'ont légué cette vieille demeure à laquelle je me suis promise de ne rien toucher ; elle contient tant de trésors ! Ma mère, comme moi, avait vu le monstre ; aussi entassa-t-elle matériel et documentation le concernant.

– Telles ces bibles et ces croix ?

– Nessie est un être religieux ; elle est en contact avec Dieu et ne se révèle qu'à de vrais croyants. En souvenir de l'époque où cet endroit était un paradis, je distribue aux plus pauvres les objets les plus précieux que contient cette demeure.

– Quand vous n'aurez plus rien, demanda Marlow, comment subsisterez-vous ?

– Nessie y pourvoiera.

## CHAPITRE XI

La Bentley du superintendant s'arrêta à un endroit assez dégagé, non loin du village de Dores, d'où l'on découvrait toute la majesté du loch Ness ; le rempart de buissons et de fourrés, presque infranchissable, avait cédé la place à une petite plage de sable qu'éclairait un timide soleil. Il ne pleuvait plus, le vent était tombé. Le dôme de Mealfuarvonie apparut, dominant la surface vert sombre du lac. Au loin, la passe d'Inverfarigaig, la falaise de Black Rock et le nid d'aigle de Dun Deardail, construit avant la naissance du Christ et chargé de veiller sur la région ; là habitait le vaillant Nysus, le premier héros qui osa s'aventurer en barque sur le loch. Le paysage grandiose prenait l'âme mais ne l'apaisait pas ; régnait en lui un parfum de malheur et d'angoisse.

Higgins, de son écriture à la fois rapide et posée, remplit plusieurs pages de son carnet noir, consacrées à Tullibardine Zohar.

– Elle ne cesse de mentir ou bien elle est démente, décréta Marlow.

– La réalité est probablement plus complexe.

– Vous n'allez quand même pas croire à ses sornettes ?

– Nous sommes ici pour vérifier.

– N'aurait-elle pas assassiné elle-même ces deux hommes ?

– C'est une hypothèse, en effet ; il nous faudrait quand même un mobile.

Cette fois Marlow admit le bien-fondé de l'observation.

– Comment mener une enquête sérieuse lorsqu'on ignore l'identité des victimes ?

– En cherchant la réponse à une question dont on ignore l'énoncé ; la tâche est ardue mais n'est-elle pas à la mesure du loch Ness ?

– Seul le laboratoire peut nous aider.

– Ne soyez pas si pessimiste, mon cher Marlow ; notre champ d'investigations n'est pas épuisé. Allons revoir notre paléontologue.

*
**

La tente était cadenassée ; à proximité, les restes d'un feu de camp. Sur un séchoir de fortune, une chemise et des sous-vêtements. Marlow frappa à l'entrée de la maison de toile, sans obtenir signe de vie.

– Il a dû partir en ville.

Higgins jeta un œil aux alentours. Soudain, le superintendant poussa un cri.

– Là, là ! Dans l'eau !

L'ex-inspecteur-chef écarta des buissons ; brisant la surface du lac, une tête noire émergeait.

Plusieurs motifs incitèrent Higgins à penser qu'il ne s'agissait pas du monstre. D'abord, celui-ci ne respirait pas avec un tuba ; ensuite, il ne portait pas de lunettes ; enfin, il ne devait pas avoir coutume de saluer d'un signe amical de la main.

– Ravi de vous revoir, déclara Napton Norbury en sortant de l'eau. Pourriez-vous m'aider à ôter mes bouteilles ? Elles me semblent fichtrement lourdes !

Marlow, encore sous le coup de l'émotion, aida le plongeur à se débarrasser de son encombrant matériel.

– Équipement ultra-moderne, expliqua-t-il. Je le dissimule dans une cache, sous les bosquets.

– Vous êtes courageux, estima Higgins.

– Je dois avouer que je n'en menais pas large ; mais

l'expérience est indispensable. Je crois bien être le premier à le tenter depuis Duncan MacDonald.

– De qui s'agit-il ?

Napton Norbury ôta ses palmes et secoua ses cheveux trempés.

– D'un plongeur professionnel qui avait pour mission d'examiner une épave, au large de Fort Augustus, près de l'embouchure du canal calédonien. Le bonhomme est vaillamment descendu ; quelques minutes plus tard, il a tiré sur la corde qui le reliait à la surface : appel de détresse. On l'a remonté à toute allure. Pâle à mourir, il refusa de donner des explications et demeura muet pendant plusieurs heures. Finalement, il avoua avoir éprouvé la plus grande frousse de son existence ; alors qu'il arrivait en vue de l'épave, il distingua une énorme bête, couchée sur la quille, et dont le regard le fixait. Persuadé qu'elle allait l'attaquer, il a cru sa dernière heure arrivée. Ce fut son dernier plongeon.

Scott Marlow commençait à être ébranlé par la multicité des témoignages ; mais ne venait-il pas lui-même d'être induit en erreur ? Le climat si particulier du lieu corrodait la logique.

– Ce n'est pas tout, poursuivit le paléontologue ; on raconte que cinq plongeurs ont découvert une grotte sous-marine vers laquelle un puissant courant les avait entraînés. De retour sur terre, ces jeunes gens avaient tous des cheveux blancs. Ils refusèrent de raconter ce qu'ils avaient vu.

– Témoignage inexploitable.

– C'est bien mon avis, superintendant, la fable est trop belle pour être vraie. M'autorisez-vous à me changer ?

– Je vous en prie.

Napton Norbury ôta la clé qu'il portait au cou, ouvrit le cadenas et disparut quelques minutes à l'intérieur de la tente. Il en ressortit chaudement vêtu et accrocha sa combinaison de plongée au séchoir de fortune.

– Avec le vent, elle sera vite sèche ; le voilà qui se lève en rafales.

Le soleil se voila ; les nuages occultèrent à nouveau le sommet des Highlands.

– Que vous a appris votre plongée ? interrogea Higgins.

Le jeune savant sourit.

– Je ne suis pas mécontent d'avoir pris des risques. D'abord, j'ai acquis la certitude que personne ne peut descendre au-dessous de cinquante mètres ; plus bas, l'eau est si noire qu'aucune observation ne saurait être réalisée. Une bestiole quelconque échapperait donc aux investigations en se dissimulant dans les profondeurs du lac. Ensuite, entre trente et quarante mètres, j'ai croisé un nombre considérable de brochets de bonne taille.

– Voilà l'explication, conclut Marlow ; quand ils bondissent hors de l'eau, on les prend pour des monstres.

Le paléontologue parut sceptique.

– Sans vouloir vous contrarier, superintendant ; je crois qu'on doit interpréter les faits de manière différente ; si un animal préhistorique vit dans le loch, il doit absorber une quantité certaine de nourriture. Ces troupeaux de gros brochets fourniraient une excellente pâture.

Higgins nota. Marlow, dépité, dut admettre que l'hypothèse d'un tueur monstrueux, venu du fond des âges, prenait forme.

– Connaissez-vous une jeune femme blonde nommée Tullibardine Zohar ? demanda l'ex-inspecteur-chef.

– Jolie ?

– Très jolie.

– Je n'ai pas ce plaisir. Une spécialiste du monstre ?

– En quelque sorte.

– Vous me passionnez ! J'aimerais la rencontrer.

– Si le destin ne s'y oppose pas, Scotland Yard non plus.

## CHAPITRE XII

Le paysage était aride ; de la lande à perte de vue, des collines hostiles, de petits lacs qui semblaient autant de résurgences du loch Ness ou de sentinelles protégeant la demeure du monstre. Marlow fut obligé de ralentir, tant les lacets de la route étroite devenaient difficiles à négocier ; elle plongeait vers la masse d'eau sombre avec une pente si accentuée que le moteur de la vieille voiture, pourtant grand amateur d'air frais, émit un gémissement métallique.

– Est-il nécessaire de nous rendre dans ce trou perdu ?

– D'après mes notes, répondit Higgins, nous pourrions y apprendre des éléments intéressants.

La Bentley se traîna jusqu'au hameau de Boleskine, évita le cimetière en contrebas de la route, et s'immobilisa devant une vieille demeure grise et sinistre.

– Boleskine House, révéla Higgins. Ici habitait Aleister Crowley, le mage noir, l'ange du démon, l'être le plus maléfique que la terre ait jamais porté ; d'après ses ennemis, bien entendu. Il terrorisait bien un peu les autochtones, mais devait avoir établi des dossiers sur le monstre.

Un détail intrigua Higgins. Sur la porte d'entrée était cloué un modeste écriteau, portant la mention *bookshop*, « librairie ».

– Entrons, proposa-t-il.

Le rez-de-chaussée était effectivement occupé par des étagères remplies de livres anciens ; au centre de la pièce, un poêle à charbon et, à côté du poêle, un homme âgé, chauve, qui fumait une pipe et lisait. Sur la peau de son crâne, des taches de rouille ; le front était creusé de rides, le nez long et étroit comme le loch Ness. L'homme ne portait pas de lunettes.

– Je n'ai aucune nouveauté, annonça-t-il d'une voix rauque et désagréable. Si vous cherchez Aleister Crowley, décampez. Il est parti depuis 1918 et vous feriez bien de l'imiter.

Higgins se campa devant une rangée d'opuscules consacrés à la scansion des poèmes gaéliques ; il en feuilleta un, d'un doigt délicat, afin de ne pas froisser le papier jauni.

– Nous nous intéressons aux traditions locales, expliqua-t-il.

– Tout le monde s'y intéresse, bougonna le libraire. De la curiosité malsaine, rien de plus.

– Connaissez-vous la *Méditation sur les Highlands* de J.B. Harrenlittlewoodrof ? Si je ne m'abuse, elle débute ainsi :

*Grave le barde au regard d'or,*
*De ruines et d'asphodèles vêtu,*
*Sur le chemin du lac en vagues montantes,*
*Quand il entend la grande voix des mondes.*

Le libraire se leva et ôta la pipe de sa bouche.

– Monsieur, je l'ai vue comme je vous vois. Elle est venue, dans ma librairie, s'est chauffée les mains à ce poêle, et m'a lu les deux mille stances de sa *Méditation.* Puisque vous êtes l'un de ses amis, j'accepte de vous parler et même de vous vendre des livres.

– Sachez, monsieur, que nous sommes sensibles à cet honneur.

Higgins choisit trois recueils de poèmes et posa sur la chaise une somme généreuse que le libraire ne discuta pas.

– Je m'appelle Macbeth. Père et mère inconnus,

absence d'état civil et âge indéterminé. Ça ne m'empêche pas de lire les bons auteurs.

– Inspecteur Higgins et superintendant Marlow.

La pipe se ficha de nouveau aux lèvres.

– Ça ne sentirait pas un peu Scotland Yard ?

– À un érudit de votre qualité, on ne doit rien cacher : nous enquêtons sur les deux meurtres.

– Un peu de whisky ? Une seconde...

Macbeth disparut dans l'arrière-boutique et en revint porteur d'une bouteille et de trois verres. Il fit lui-même le service.

– Aux amateurs de poésie ! claironna-t-il en absorbant le liquide ambré.

Après avoir sacrifié au rite, Higgins réattaqua.

– Existe-t-il des ouvrages anciens sur le monstre ?

Macbeth se tapa sur les cuisses.

– Des tonnes de sottise ! Du vide sur du vide !

Scott Marlow ressentit un espoir.

– Cela signifie-t-il que vous niez l'existence du monstre ?

Le libraire se renfrogna.

– Rien à déclarer sur ce sujet.

Le superintendant interpréta ce mutisme : Macbeth était probablement le seul esprit rationnel de la région. Lui seul osait avouer qu'il n'avait pas vu le monstre. C'est sans doute pourquoi il vivait en solitaire, à l'écart d'une bande de mythomanes.

– N'avez-vous aucun avis sur Nessie ? insista Higgins.

– Tout ce que je sais, répondit Macbeth en ricanant, c'est que la presse de Mussolini a révélé que le monstre du loch Ness avait été tué lors d'un bombardement ! Dont acte et requiem pour Nessie. Et dire que certains accumulent preuve sur preuve !

– De qui parlez-vous ?

– De cette harpie de Gwendolyne Hosh, qui tient le bureau d'investigation du loch Ness à Achnahamnet et un ridicule musée ! Cette institution est une honte et une infamie. Si vous pouviez la mettre sous les verrous, vous rendriez service aux Highlands.

– Aurait-elle commis... un délit ?

– Deux meurtres ? Ce serait bien dans son style... si les deux pauvres types ont nié devant elle l'existence du monstre, ils se sont condamnés à mort.

– Connaissez-vous Tullibardine Zohar ?

– L'orpheline... une fille sans avenir, mais un cœur généreux. Elle a soulagé bien des misères ; pour les plus démunis, c'est une déesse.

– Elle a vu le monstre.

– C'est l'heure du déjeuner ; je fais cuire des pois au lard.

De l'arrière-boutique, il sortit une marmite qu'il fit réchauffer sur le poêle et trois gamelles qu'il disposa sur un in-folio consacré aux armoiries écossaises. Le plat était rustique mais savoureux, bien qu'un peu pâteux. Le whisky aida la digestion.

– Nous avons croisé une vieille femme et son chien, rappela Higgins ; elle nous a intrigués.

– Un bouc déguisé en chien et le diable en sorcière ! Éloignez-vous d'elle.

– La considérez-vous comme dangereuse ? interrogea Marlow.

– Vous pensez toujours à vos deux cadavres... Mary Kincraig, pourquoi pas ? On ne l'a pas encore accusée de crime, mais il y a un début à tout. Elle à déjà fait disparaître quantité de chats, envoûté des vaches et ensorcellé des fermiers.

– Dossier judiciaire un peu mince, déplora le superintendant.

Le libraire mangeait avec avidité, comme s'il était à jeun depuis plusieurs jours. Le dos arrondi, la tête penchée vers son écuelle, il reprenait à peine son souffle.

– Méfiez-vous du pêcheur, marmonna-t-il. Angus Glenbervie est un fourbe et un menteur ; il a vendu son âme au chef du clan, Grampian MacDuncan. C'est son exécuteur des basses œuvres.

– Autrement dit, si MacDuncan a ordonné les crimes, Angus Glenbervie fut son bras armé.

– Supposez ce que vous souhaitez. Moi, je ne fais pas

partie du clan ; leurs affaires ne me concernent pas. Si la contrée pouvait être délivrée de ce monstre de Grampian, quelle bénédiction !

– Avez-vous entendu parler d'un paléontologue qui poursuit des recherches sur Nessie ?

– Sans intérêt ; d'autres farfelus de son espèce séjournent de temps à autre dans les parages. Si nous reparlions des poèmes épiques d'Harriett J.B. Harrenlittlewoodrof ? Le reste a si peu d'importance.

# CHAPITRE XIII

Le vent se déchaîna et soumit la vieille Bentley à rude épreuve ; malgré son poids et l'allure modérée qu'adoptait Scott Marlow, elle était déséquilibrée dans les virages les plus serrés. Le crayon de Higgins semblait insensible à l'instabilité et aux méandres de la route ; il enregistrait sur le carnet noir la multitude de petites indications formulées ou sous-entendues par le libraire. Ainsi s'accumulaient les matériaux de l'enquête.

– Cet endroit est épouvantable ; de Londres, nous aurions une meilleure vision des problèmes.

– Notre exploration du terrain n'est pas terminée, superintendant.

– Les pistes du libraire ? Des culs-de-sac. Accuser les uns et les autres permet de se dédouaner soi-même ; s'il n'était pas aussi raisonnable, il ferait un excellent suspect.

– A priori, il ne sort pas de Boleskine House.

– Les *a priori*, j'ai appris à m'en méfier ; peut-être tente-t-il de nous convaincre qu'il est un ermite invétéré.

– À son âge, je le vois mal courir la lande, tuer deux hommes et jeter leurs cadavres dans le lac.

– Et s'il jouait les vieillards ? L'énergie des Écossais est inépuisable.

Higgins n'insista pas ; en proie à une crise de scepticisme aigu, Marlow refusait de croire à l'évidence. La

Bentley s'arrêta à une centaine de mètres du centre de Hauntedloch ; à pied, ils traversèrent une étendue boueuse et entrèrent dans le pub enfumé. Cette fois, les consommateurs ne leur prêtèrent pas attention ; leurs regards se concentraient sur le violent duel verbal qui opposait MacDuncan à Napton Norbury. Il durait depuis plus d'un quart d'heure ; ni l'un ni l'autre ne consentaient à baisser le ton.

– Quittez mon territoire sur-le-champ ou bien je vous écrabouille.

– Ce village se trouve en Grande-Bretagne et tout citoyen peut y avoir librement accès.

– Les Highlands sont les Highlands.

– Je suis un savant et je poursuivrai mon programme d'expérimentation, que vous le vouliez ou non.

– Je piétinerai votre tente, briserai votre matériel en mille morceaux et vous enverrai au fond du lac.

– Essayez et je vous casse les reins.

Le contraste était saisissant entre le géant roux et le paléontologue aux cheveux blonds ; malgré sa nette infériorité, ce dernier ne reculait pas.

– Tout ce que je vous demande, c'est du pain et du pétrole pour ma lampe.

– Hors de question.

– Je croyais que l'hospitalité était une vertu écossaise.

– Elle est sacrée à l'égard des nôtres.

– En ce cas, accordez-moi ce que je vous demande.

Le chef du clan s'apaisa un instant.

– Pour quelle raison ?

– Je suis Écossais.

Grampian MacDuncan crut que le ciel lui tombait sur la tête.

– Vous... vous plaisantez ?

– Ma mère est née à Pitlochry, pendant les jeux des Highlands, et mon père à Édimbourg.

– Honni soit qui mal y pense ! hurla le chef du clan en donnant l'accolade au paléontologue qui crut recevoir un boulet de canon dans le dos. Tu peux loger ici, mon gars, et y boire le meilleur whisky !

– Je préfère rester sur la berge.
– Qu'est-ce que tu fais là-bas ?
– Je recherche les traces scientifiques qui permettront de prouver l'existence d'un monstre préhistorique dans le loch Ness ou bien de démontrer qu'il s'agit d'une fable.
– Sacré gaillard ! Comment peut-on travailler à des tâches aussi inutiles ?
– C'est la science.
Grampian MacDuncan devint solennel.
– Sois tranquille : foi de Grampian, aucun membre de mon clan ne viendra te déranger. Tu peux compter sur ma protection.
– J'en suis fier.
Les bras chargés de victuailles, Napton Norbury se heurta à Higgins.
– Heureux d'assister à cette réconciliation.
– Je m'en félicite autant que vous, inspecteur.
– Rien de nouveau sur Nessie ?
– Hélas non ! Mon programme d'étude est très serré ; si ce monstre se terre dans les eaux du loch, il n'échappera pas à mes investigations.
– Bonne chance, M. Norbury.
Marlow ouvrit la porte du pub ; le paléontologue s'enfonça dans la nuit, sous la pluie.
Grampian MacDuncan tapa sur l'épaule du superintendant, qui s'affaissa légèrement.
– Satané petit gars ! Il est à moitié fou, mais il me plaît. Mon cuisinier a préparé un pâté de viande et des œufs durs en croûte ; vous dînez avec nous.

*
**

Sur la route menant à Inverness, Scott Marlow se sentit l'estomac un peu lourd ; le whisky était d'excellente qualité, il avait dû mal digérer le pâté. Certes, son bureau londonien lui manquait ; mais il révisait son jugement sur la cuisine écossaise. Quoique rustique, elle tenait au corps.
À Inverness, le superintendant se rendit au poste de

police où l'attendait le dossier du laboratoire relatif aux vêtements des victimes ; avec leur identification, l'enquête prendrait un tour nouveau.

Higgins téléphona au commissaire-priseur MacCullough, qui faisait partie du « cercle archéologique » où se réunissaient les amis indéfectibles de l'ex-inspecteur-chef ; pendant ces soirées, il était certes question de généalogie, d'héraldique ou d'histoire ancienne, mais aussi d'énigmes criminelles et surtout de grands crus classés. Entre anciens de Cambridge, c'était l'occasion de réanimer l'adolescence à jamais perdue et de savourer la quiétude que seule peut offrir une amitié partagée et sincère.

Malcolm MacCullough habitait une vaste demeure dans la banlieue nord de Londres où s'accumulaient des objets rares provenant d'Égypte, du Pérou et du Tibet ; dévoreur d'ouvrages savants, il travaillait la nuit et dormait le jour. Higgins l'appela au moment où il allait se coucher.

– Toujours sur la piste du crime ?

– Un monstre en vue, Malcolm. Aurais-tu sous la main les annuaires de Cambridge ?

– Ils sont en dessous d'un traité en dix volumes, dans la troisième bibliothèque sur ma gauche. Encore une ou deux semaines de travail, et je serai au point : un pudding au chocolat blanc et à l'ananas dont tu me diras des nouvelles ; je veux tout savoir sur ton nouveau crime, vieux forban, et tu goûteras mon chef-d'œuvre avant de me raconter l'histoire !

C'est bien ce que redoutait Higgins, mais il fallait en passer par là.

– Que veux-tu savoir ?

– Si un certain Napton Norbury a bien fait ses études à Cambridge, s'il a obtenu un diplôme de paléontologue et s'il est d'origine écossaise.

Les recherches furent brèves et concluantes. Napton Norbury n'avait pas menti.

*
**

Marlow paraissait très abattu.

– Mauvaises nouvelles ?

– Catastrophiques. L'examen du tissu n'a abouti qu'à une usine fermée depuis cinq ans ; impossible de remonter la piste plus loin.

– L'indication est quand même intéressante ; les deux victimes portaient donc de vieux costumes.

– Qui plus est, de médiocre qualité et peu onéreux.

– Curieux...

– À quoi songez-vous ?

– Nous devrions interroger Mary Kincraig.

– La sorcière ?

– Précisément. Dans une affaire comme celle-là, elle doit en savoir long.

# CHAPITRE XIV

Marlow et Higgins partirent à pied du centre de Hauntedloch et grimpèrent vers l'antre de Mary Kincraig en empruntant un petit sentier tortueux à travers la lande. L'air très pur offrait un excellent stimulant ; certes, il ne parvenait pas à chasser les nuages, mais ceux-ci ne servaient-ils pas de refuge à la licorne, présente sur le blason royal, qui gambadait sur les sommets des Highlands ?

La masure semblait abandonnée depuis longtemps. Torchis, boue séchée, bois et blocs de pierre grossiers étaient les éléments d'un surprenant amalgame qui faisait songer à un igloo. Au centre du dôme, un trou par lequel sortait une fumée noire.

Alors qu'ils parvenaient au sommet de la colline, le monstre leur barra la route, tous crocs dehors.

– Attention, Higgins ! Ce chien est féroce.

Marlow chercha en vain une arme autour de lui ; ni lui ni son collègue n'avaient songé à emporter des biscuits ou quelque autre nourriture apaisante.

L'animal semblait avoir grossi ; ses énormes pattes s'enfonçaient dans le sol spongieux. Higgins marcha vers lui en le regardant droit dans les yeux. De l'ex-inspecteur-chef émanaient à la fois douceur et autorité. Cette fois, Marlow crut que la magie serait inopérante ; la bête feula, grogna, mais ne bondit pas comme si une force invisible la clouait au sol.

– Lucifer, nous venons voir ta maîtresse, prévint Higgins et nous ne lui voulons aucun mal. Conduis-nous.

La bête hésita ; ses yeux roulèrent en tous sens, mais ne parvinrent pas à échapper au regard de l'ex-inspecteur-chef qui s'approcha encore et lui flatta le sommet du crâne d'une caresse. Le chien se dressa sur les pattes arrière et posa les pattes avant sur les épaules de Higgins qui dut faire appel à son pôle d'équilibre interne pour ne pas tomber ; s'il n'avait eu de longue date la pratique de ce que les Orientaux nomment le *hara,* la stabilité présente au cœur du ventre, il se serait effondré sous le poids du chien. Ce dernier lui lécha abondamment les joues, d'une énorme langue rose et joyeuse, puis bondit sur ses quatre pattes et prit la direction de la masure.

– Comment avez-vous fait ? s'étonna Marlow.

– J'ai songé à Trafalgar ; me voir dévoré par un chien l'aurait vexé.

Mary Kincraig était sortie sur le seuil de la masure.

– Lucifer, attaque !

Le chien, ennuyé, jeta un œil las vers Higgins.

– Calme, Lucifer, calme.

La voix grave et douce l'emporta sur les vociférations ; Lucifer passa devant sa maîtresse et s'engouffra dans l'igloo pour se cacher au chaud.

– Je ne reçois pas de visiteurs.

– Nous n'en sommes pas, répliqua vertement Scott Marlow. C'est à Scotland Yard que vous vous adressez.

– Connais pas.

– Pardon ?

– J'ai plus de cinq cents ans... les inventions modernes ne m'intéressent pas. Il n'y a que les élus et les damnés... et vous, dans quelle catégorie devez-vous être rangés ?

– C'est selon, répondit Higgins ; les voies du Seigneur ne sont-elles pas impénétrables ?

La question ébranla Mary Kincraig dont les cheveux blancs et laineux s'agitaient au moindre souffle.

– Venez par ici, ordonna-t-elle.

Le trio contourna la masure et découvrit un trou d'eau autour duquel étaient disposées des pierres.

– N'avancez plus ! Je dois rompre le cercle.

De l'extrémité de son bâton noueux, elle déplaça deux pierres et dégagea une sorte de porte.

– Passez entre elles et ne faites pas un bond de côté ; sinon, vous auriez la jambe cassée.

Higgins et Marlow se conformèrent aux instructions ; le superintendant, excédé, eut envie de shooter dans ces cailloux envoûtés mais jugea préférable de se contenir.

– Asseyez-vous sur les deux pierres plates, en face de moi ; elles demeurent toujours sèches, même quand il pleut.

Incrédule, Marlow constata que la sorcière ne mentait pas.

– Ma maison est entourée d'une barrière de maléfices, expliqua-t-elle, féroce. Quiconque tente de la franchir s'y brise les reins. Même le chef du clan n'ose pas tenter l'aventure.

– Sortez-vous souvent de votre domaine ? demanda Higgins.

Mary Kincraig s'appuya sur le bâton noueux ; un rictus de satisfaction s'inscrivit sur son visage ridé.

– J'aime battre la campagne avec Lucifer, terroriser les imbéciles et jeter des pierres aux enfants. Je déteste les marmots. Ils crient et dérangent la tranquillité de la lande ; quand il n'y aura plus un seul nourrisson dans les Highlands, cette terre retrouvera la sérénité d'antan.

La sorcière s'exprimait avec facilité, voire élégance ; son accent fleurait bon une assez longue éducation. Higgins fut persuadé que, sous ces haillons, se cachait une femme qui avait volontairement quitté un milieu aisé pour mener une autre existence.

– Avez-vous identifié l'assassin ?

– Nous comptons un peu sur vous, dit Higgins sur le ton de la confidence.

– Cette région ne ressemble à aucune autre. Ici règne un monstre.

– L'avez-vous vu ? interrogea Marlow.

– À plusieurs reprises. Il a un long cou, assez mince, et une tête plutôt petite, assez proche de celles d'une tortue. Le corps est gigantesque ; c'est la plus grosse bête que j'ai jamais vue. Elle a des bosses sur le dos, au moins trois ; tantôt elles sont pleines, tantôt vides. À mon avis, le monstre les remplit d'air à volonté et s'en sert pour flotter et plonger à grande vitesse. Un matin d'été, j'ai eu l'occasion d'observer Nessie pendant plus d'une demi-heure ; elle était affalée sur une plage de la baie de Borlum et se dorait au soleil ; de temps à autre, elle se frottait le dos sur les galets. Imaginez une baleine géante avec le cou d'une girafe et des yeux de lézard ! Malgré son poids et sa taille, elle se montrait fort agile et se mouvait avec aisance. Si Lucifer n'avait pas grogné, elle se serait prélassée plus longtemps ; dès qu'elle a ressenti notre présence, elle a filé vers le lac avec une rapidité incroyable et a disparu sous l'eau.

– D'après les divers témoignages, observa Higgins, le monstre ne paraît guère agressif.

La sorcière, appuyée de plus en plus lourdement sur son bâton, prit un long temps de réflexion.

– Certains prétendent qu'il est capable de tuer pour se venger, débarrasser la région des importuns ou bien encore exécuter les volontés divines.

– N'êtes-vous pas une spécialiste de ces questions ?

– Mon domaine, c'est le diable ! Et puis Nessie me fait vivre.

– De quelle manière ? interrogea Marlow, éberlué.

– Sur la plage, Nessie avait abandonné une grande quantité de pièces d'or. Je les ai ramassées et cachées au fond du trou d'eau. Tout le monde le sait dans la région.

– Ne craignez-vous pas les voleurs ?

La sorcière eut un sourire agressif.

– Hélas, il n'y en a plus un seul ! Ça m'amusait beaucoup, quand ils venaient ; j'ouvrais volontairement la porte du cercle magique et ils plongeaient la main dans la mare.

Mary Kincraig éclata de rire ; Scott Marlow frissonna.

– J'ai envoûté l'eau, indiqua-t-elle ; elle brûle comme

de l'acide sulfurique ! Imaginez la tête des voleurs ! Ils s'enfuyaient en hurlant.

Elle parut soudain détendue, presque aimable.

– Je ne suis pas la seule à avoir bénéficié des largesses de Nessie.

– Qui d'autre ?

– Macbeth, le libraire. Dans le trou perdu où il s'est installé, il ne vend jamais de livres. Nessie est remontée du lac et a déposé d'autres pièces d'or sur la rive.

– Il l'aurait donc vue, lui aussi, déplora le superintendant.

– Je n'en sais rien, mais il a ramassé les pièces et les a bien cachées. Un jour, on le tuera pour le dévaliser ; à moins qu'il ne pratique la magie défensive. Il y a bien plus grave que cette histoire de pièces.

Les deux policiers cessèrent quelques instants de respirer ; la sorcière allait-elle leur procurer un renseignement concret sur les crimes ?

– La tradition affirme qu'il existe un livre interdit qui révèle les secrets du monstre du loch Ness, un livre que personne ne doit lire. Qui le détient, aujourd'hui ? Qui l'utilise ?

– Si Scotland Yard accuse Nessie du double meurtre, la défendrez-vous ?

La question déclencha la colère de la vieille femme.

– Ce pays est rempli d'esprits mauvais ! Ils circulent dans la lande, se cachent dans la bruyère ou sous une pierre, viennent boire au bord des lacs et assassinent les voyageurs fatigués ! La voilà, votre vérité : vos deux bonshommes ont été trop curieux. Ils voulaient explorer les Highlands et le loch Ness, sont arrivés épuisés et ont succombé sous les coups des esprits errants.

## CHAPITRE XV

À Inverness, la situation se dégradait. Les journaux à scandale s'étaient emparé de l'affaire et annonçaient chaque jour une nouvelle victime du monstre ; aussi les curieux affluaient-ils de plus en plus nombreux et affichaient-ils leur mécontentement avec de plus en plus de véhémence. Les policiers préposés aux barrages recevaient stoïquement des bordées d'injures ; lorsqu'on commença à leur jeter des pierres, ils avertirent leurs supérieurs qu'ils ne tiendraient plus longtemps leur position. La municipalité d'Inverness et Scotland Yard publièrent un communiqué officiel annonçant que l'enquête serait terminée dans moins d'une semaine et la liberté de circulation rendue aux touristes.

Marlow piaffait d'impatience ; ne fallait-il pas interroger au plus vite la meilleure spécialiste du monstre, Gwendolyne Hosh, qui pourrait sans doute leur procurer de nouvelles pistes ? Mais Higgins, prétextant une urgence, tardait à sortir de sa chambre.

L'ex-inspecteur-chef avait besoin de méditer en se concentrant à la fois sur ses notes et sur la partition de l'ouverture de *Don Giovanni* de Mozart, dont l'atmosphère tragique et mystérieuse convenait bien à la région du loch Ness. La difficulté consistait à faire jouer ensemble tous les instruments sans perdre la richesse de chacune de leurs voix. La musique muette qui naissait des notes gravées sur le papier était déjà un enchantement propice à la réflexion.

Jusqu'à présent, c'était le monstre qui conduisait l'enquête. L'ex-inspecteur-chef avait le sentiment de rebondir de témoignage en témoignage comme si quelque main mystérieuse prenait plaisir à le manipuler sur un échiquier dont il ignorait le nombre des cases. Impression fort désagréable, au demeurant ; mais ne s'agissait-il pas d'un inévitable goulot d'étranglement ? Çà et là, quelques omissions, quelques imprécisions, peut-être quelques mensonges... encore aucun élement qui eût permis de prendre l'initiative. D'un côté, une nécessaire patience, dont nul ne pouvait prévoir la durée ; de l'autre, un délai très court. Concilier l'inconciliable... une fois de plus, Higgins était confronté à la dure réalité du terrain.

L'ex-inspecteur-chef mit en ordre les poils de sa moustache poivre et sel grâce à un lissoir en nacre que lui avait offert une admiratrice ; puis il s'octroya une touche légère de *Jubilee Bouquet,* la fine eau de toilette de *Penhilagon's* aux senteurs de feuille de noyer. Blazer bleu marine et pantalon de flanelle grise de chez *Trou ser's,* dans Regent Street, conviendraient à la dure journée qui s'annonçait ; il ne lui restait plus qu'à sangler son *Tielocken,* à tailler son crayon noir et à rejoindre le superintendant.

– Enfin, Higgins ! Nous perdons du temps.

– La vie est un aspir et un expir, mon cher Marlow ; savoir prendre du recul est indispensable, même en cas de crise.

La Bentley, très docile depuis qu'elle séjournait dans les Highlands, accepta de démarrer. Comme l'avait noté Higgins, elle supportait mal le climat londonien et les excès de gaz carbonique. Avec un bel entrain, elle roula jusqu'au bourg d'Achnahamnet où, près d'une forêt de sapins, était installé le bureau d'investigation du loch Ness.

Sur la porte, un panneau : « Musée privé. Visites uniquement sur rendez-vous ». Higgins sonna. Une fenêtre s'ouvrit, au premier étage de la petite maison ; apparut le visage d'une femme d'une cinquantaine d'années coiffée avec soin.

– Avez-vous pris rendez-vous ?

– Pas encore, mais c'est notre vœu le plus cher.

– Aujourd'hui, impossible ; repassez demain.

– Scotland Yard, déclara Marlow, bougon. C'est urgent et nous sommes pressés.

– Avez-vous obtenu l'autorisation de Grampian MacDuncan ?

– Nous logeons chez lui, à Hauntedloch.

– Oh ! C'est un événement... j'ouvre tout de suite.

Gwendolyne Hosh était une petite femme d'un mètre cinquante, mince, rapide et nerveuse ; très soignée, maquillée avec goût, elle portait une jupe longue en daim et un corsage de soie rouge. Ses lunettes à fine monture d'acier lui convenaient à merveille.

– C'est un honneur de recevoir les hôtes du chef du clan, dit-elle de sa voix aiguë, un rien irritante.

– Votre musée est l'un des plus originaux de Grande-Bretagne, avança Higgins.

– J'en conviens ; il est unique en son genre. Vous êtes l'inspecteur Higgins et le superintendant Marlow, n'est-ce pas ? La rumeur court si vite, le long du lac ! Je savais que vous viendriez. Tout le monde finit toujours par venir ici.

Le musée était aussi bien tenu que son conservateur : vitrines à la propreté absolue, alignement impeccable, exposition claire et espacée. Figuraient des gravues anciennes, des photographies, des empreintes de dents et de pas, des articles de journaux et de magazines, des objets inspirés par Nessie, bref tout ce qui avait trait, de près ou de loin, au monstre du loch Ness.

– C'est en 1933 que le monde entier a entendu parler de lui, indiqua Gwendolyne Hosh avec une émotion contenue.

– Bizarre, jugea Marlow ; n'existait-il pas auparavant ?

– Bien sûr que si ! Mais sa réputation n'avait pas

dépassé les Highlands ; la région était alors très isolée, oubliée du reste du pays. En 1933, la construction d'une route le long de la rive nord du loch fut une véritable percée que la plupart des Écossais désapprouvèrent. Plusieurs automobilistes aperçurent le monstre.

– Le canal Calédonien fut pourtant achevé dès 1822, objecta Higgins ; en reliant le loch Ness aux lochs Oich et Lochy, il ouvrait déjà la région aux étrangers.

– Aux navigateurs seulement ; à mon sens, ce fut une erreur. Songez que ces lacs d'eau douce sortirent de leur isolement millénaire, mis en contact avec l'Atlantique, et que le niveau du loch Ness s'éleva de plus de deux mètres ! Nous n'avions pas besoin d'une telle saignée. Que nous a-t-elle amené ? Des ouvriers, des militaires et par-desssus tout, l'aristocratie victorienne ; bref, des Anglais que nous détestons. Des bateaux à aube chargés d'élégantes et sillonnant le loch Ness... quel affligeant spectacle !

Gwendolyne Hosh montra des photographies qui illustraient son propos. Elle passa vite à la vitrine voisine, consacrée à un fermier portant un agneau sur ses épaules ; des aquarelles de médiocre qualité répétaient cette scène champêtre.

– Alexander MacDonald, expliqua-t-elle. Il a vu le monstre en 1802, alors qu'il sauvait une pauvre bête tombée à l'eau.

– Le monstre a-t-il attaqué ? demanda Higgins.

– Non. Il est apparu à une cinquantaine de mètres de lui, l'a regardé, s'est retourné et a plongé. D'après le fermier, le monstre était long d'au moins sept mètres ; mais le témoignage des gens humbles ne méritait pas d'être entendu. Venez par ici.

Une vaste vitrine vantait les mérites de Sir Murdoch MacDonald, membre du Parlement, ingénieur associé à la construction du barrage d'Assouan, en Égypte.

– Ce personnage vous paraît-il suffisamment sérieux ?

– Sa respectabilité ne saurait être mise en doute, reconnut Marlow.

– Sir Murdoch a vu le monstre le 8 août 1934 à 6 h 30 ;

il était en compagnie de son fils. Tous deux sont descendus de voiture et ont admiré les ébats d'une énorme créature à deux bosses qui se déplaçait très vite sur la surface du lac.

Le superintendant, très troublé, ne remarqua pas la belle reliure du premier ouvrage scientifique consacré au monstre, publié en 1934 sous la signature de Rupert T. Gould, et fut contraint de suivre le pétulant conservateur jusqu'à une grande vitrine où figuraient des maquettes de sous-marins et des portraits de matelots et d'officiers, à côté de télégrammes et de documents officiels.

– Le témoignage de la Royal Navy suffira-t-il à emporter votre conviction ?

## CHAPITRE XVI

Abasourdi, Scott Marlow n'osa pas émettre la moindre protestation.

– La Royal Navy, répéta-t-il, hagard.

– Elle-même, affirma Gwendolyne Hosh, triomphante. J'ai réuni toutes les pièces du dossier. Pendant la Grande Guerre, un sous-marin a touché le monstre ; en 1943, pendant la Seconde Guerre mondiale, le commandant Flint et son équipage l'ont à nouveau percuté. Le monstre n'a pas souffert, mais le bateau a subi une avarie qui a justifié une escale d'urgence à Fort Augustus et l'envoi d'un télégramme aux autorités. Aucun des marins n'en doutait : ils venaient de rencontrer, de manière plutôt brutale, une énorme créature qui avait aussitôt plongé au fond du lac. L'incident fut étouffé, mais les preuves existent. Et j'ai mieux encore !

Le calvaire du superintendant continua. Gwendolyne Hosh l'entraîna dans une petite pièce obscure ; avec cérémonie, elle fit jaillir une lumière douce.

– Dans cette vitrine sont conservés des documents photographiques indubitables, déclama-t-elle avec passion. Le 12 décembre 1933 fut tourné un film d'une minute qui montre Nessie et ses deux bosses nageant en surface.

– Pourquoi une durée si courte ? demanda Higgins.

– Parce que le cameraman a été surpris par l'apparition du monstre ; il eut à peine le temps de tourner. C'est pourquoi le film n'est pas fameux. À présent, messieurs, je vous demande un peu de recueillement. Je vais vous mettre en présence du monstre du loch Ness.

Avec un art consommé, Gwendolyne Hosh illumina une vitrine grillagée qui contenait une seule photographie.

– Ce cliché a été pris par le gynécologue Robert Kenneth Wilson, en avril 1934 ; toutes les autorités scientifiques s'accordent pour en reconnaître l'authenticité.

« Puisque Nessie est une femelle, pensa Higgins, mieux valait un gynécologue de l'autre côté de l'objectif. » Scott Marlow, au bord de la dépression, se pencha sur l'inestimable document. D'abord, il ne vit qu'une photo très noire, avec des taches grises ; ensuite, malgré sa bonne volonté, il se demanda s'il ne s'agissait pas d'une épreuve ratée.

– Regardez bien, insista le conservateur ; on distingue nettement la tête et le cou qui correspondent aux descriptions les plus courantes.

– Nettement... est peut-être un terme excessif, objecta le superintendant sans grande conviction.

Gwendolyne Hosh, contrariée, croisa les bras.

– Vous avez raison ; on n'en voit pas assez. Pourtant...

– Pourtant...

– Quelqu'un cache quelque chose. L'essentiel.

– Pourriez-vous être plus explicite, suggéra Higgins ?

Le conservateur hésita.

– En 1933, un médecin a tourné un film ; en 1938, un banquier a réédité l'exploit. Dans les deux cas, Nessie serait parfaitement visible, avec la petite tête, le long cou, les deux bosses, l'énorme corps... ces deux documents décisifs, qui dureraient plusieurs minutes, ont mystérieusement disparu. Certains prétendent qu'ils sont enfermés dans un coffre, à Londres ou aux États-Unis ; moi, je suis persuadée qu'ils n'ont pas quitté la région.

– D'où provient cette conviction ?

– Simple intuition.

Elle éteignit à regret les lumières qui avaient éclairé le sanctuaire ; le trio revint dans la salle principale du musée.

– Vos relations avec Grampian MacDucan semblent excellentes, dit Higgins avec chaleur.

– Cette maison lui appartient et il m'y loge gratuitement ; sa mère et la mienne étaient les meilleures amies du monde. Et puis l'appartenance à un clan, ça ne se discute pas.

– Grâce à des femmes de votre trempe, le génie écossais perdurera.

Touchée, le conservateur rosit.

– Grampian ne reçoit jamais personne, avoua-t-elle ; d'ordinaire, il expulse les importuns à coups de pieds dans le... enfin, il les expulse. Vous avoir admis dans son pub est une sorte de miracle.

– Le superintendant et moi-même en sommes conscients ; un détail m'intrigue.

– Lequel ?

– Le libraire, Macbeth, ne fait-il pas concurrence à votre musée ?

– Comment le pourrait-il ?

– En accumulant des documents sur le monstre.

– Cet homme me déplaît, il est méchant et vindicatif. À ses yeux, je suis une imbécile et une illuminée. Mais je ne crois pas qu'il s'intéresse à Nessie ; de son point de vue, ce sont des histoires de bonnes femmes.

– Est-il venu ici ?

– Jamais. Il considère que ce musée est une duperie.

– Je n'ai pas le sentiment que son commerce soit bien florissant ; les clients doivent être rares, à Boleskine House.

– La plupart du temps, la librairie est fermée ! Sauf pour une seule personne.

Gwendolyne Hosh se détourna, honteuse d'en avoir trop dit.

– Ne vous arrêtez pas en si bon chemin, recommanda Higgins.

– La délation me répugne.

– Il s'agit d'une enquête criminelle ; le plus infime détail peut nous mettre sur la piste de l'assassin... si Nessie n'est pas coupable.

– Nessie, répéta le conservateur, attristée. Vous l'accusez ?

– Je n'ai aucune preuve de son agressivité... peut-être a-t-elle été attaquée par deux vandales. En ce cas, elle aurait frappé en légitime défense.

– Seule une reconstitution pourrait l'établir.

Gwendolyne Hosh, anxieuse, se mordilla l'ongle du pouce droit.

– Vous n'allez quand même pas lancer une battue !

– Nous n'aurons peut-être pas le choix, déclara le superintendant, sévère.

Le conservateur baissa la tête.

– D'après la rumeur, dit-elle à mi-voix, la petite Tullibardine Zohar a ses entrées chez Macbeth.

Scott Marlow fut profondément choqué.

– Vous ne voulez quand même pas dire que...

– Non, non, bien sûr que non !

– Pourquoi de telles rencontres ?

– Tullibardine est une brave enfant ; la perte de ses parents lui a troublé l'esprit. Elle vit seule dans une maison délabrée et ne parle à personne. Elle voue un culte au monstre et prétend qu'elle l'empêche de devenir violent et dévastateur. Néanmoins, elle redoute un accès de fureur contre l'ingratitude et la bêtise humaine.

– Cette jeune fille est tout à fait raisonnable, estima Higgins.

– Peut-être bien, admit le conservateur ; ses parents avaient collectionné des armes anciennes et des talismans destinés à lutter contre la colère du monstre. Malheureusement, ils n'ont pas eu le temps de désigner le plus efficace ; aussi s'est-elle rendue chez Macbeth afin de rechercher des ouvrages susceptibles de l'éclairer. Afin de la satisfaire, le vieux libraire ne ménage pas sa peine. Il se documente sur les dagues, les poignards, les épées, les lances et tente de découvrir la légende qui satisfera Tullibardine. Un jeu bien innocent, en vérité.

## CHAPITRE XVII

Scott Marlow était déprimé.

– L'enquête est presque close.

– Conclusion hâtive, superintendant.

– Le monstre existe. Les traces de ses griffes sont visibles sur les deux cadavres ; que dire de plus, sinon appeler des spécialistes et capturer cette bestiole avant qu'elle ne commette d'autres meurtres ? Cette conclusion heurte la raison, mais il faut savoir se rendre à l'évidence.

– Un superintendant du Yard ne se rend à personne ; jusqu'à présent, la route se trace d'elle-même devant nos pas. On jurerait que Nessie veut nous attirer vers elle ; imaginez le scandale : une armada de bateaux officiels sur le loch Ness, des dizaines de journalistes, le monde entier à l'affût... vous ne devez frapper qu'à coup sûr.

Une bouffée d'angoisse coupa le souffle du superintendant.

– Mais enfin, Higgins ! Vous ne croyez plus à l'existence du monstre ?

– Notre métier n'est pas affaire de croyance, mais de connaissance ; ici, en terrain inconnu, nous devons d'abord éviter les pièges.

Affligé d'une pénible migraine, Scott Marlow se contenta d'un poisson pané accompagné de frites et d'une pinte de bière brune ; Higgins se cantonna aux *chappit tatties*, une purée de pommes de terre.

Lorsque le superintendant fut plongé dans un sommeil quelque peu comateux, Higgins sortit du pub désert où le chef du clan n'était pas apparu. Il fit quelques pas dans la lande, au clair de lune ; l'astre des nuits avait vaincu les nuages et argentait une nature sauvage et déserte.

Quelqu'un le suivait.

Higgins n'accéléra pas l'allure ; il descendit la pente qui menait à la berge. Une petite crique sommeillait sous la lumière blanche. L'ex-inspecteur-chef, mains croisées dans le dos, contempla les eaux du lac le plus célèbre du vieux continent.

– Approchez, mademoiselle.

Les pas se rapprochèrent ; Tullibardine Zohar vint à la hauteur de Higgins.

– Vous aviez deviné ?

– Un peu.

– Auriez-vous des yeux derrière la tête ?

– Déformation professionnelle.

– Le hasard est un maître inspiré, inspecteur... je vous cherchais pour vous montrer l'un des lieux les plus magiques de ma patrie.

– Cette nuit vous semble-t-elle favorable ?

– Je l'aime, comme les autres nuits, qu'elles soient calmes ou venteuses, claires ou pluvieuses ; pendant que les autres dorment, je cours et je chante dans les ténèbres.

Les longs cheveux d'or illuminaient l'obscurité ; Tullibardine semblait transparente, presque irréelle, parfaitement adaptée à cet univers d'ombres et de torpeur.

– Où désiriez-vous m'emmener ?

– Ici même, au-dessous de la colline du dragon où figurent à jamais dans la pierre les empreintes de pas d'un prédicateur qui annonça la vengeance du monstre et fut lapidé à cause de sa prophétie.

– Vengeance qui vient de se produire, n'est-ce-pas ?

– Deux cadavres, déjà... demain, combien d'autres ?

– Si vous en êtes convaincue, aidez-moi à éviter cette tragédie.

– C'est mon vœu le plus cher ; depuis mon enfance, je me prépare à combattre Nessie si elle devient dangereuse.

– Avec quelle arme ?

– Une dague en or que m'ont léguée mes parents.

– Sera-t-elle efficace contre une bête monstrueuse ?

– D'après la tradition, oui. Les recherches effectuées par le libraire Macbeth ont été longues et sérieuses ; les vieux textes affirment qu'une vierge armée de cette dague vaincra la créature surgie des profondeurs. Si Nessie s'est convertie au diable, j'interviendrai.

– Vous aurez raison, mademoiselle ; quiconque s'oppose aux forces de destruction, même sans espoir, mène la plus belle des existences. Traîtres, menteurs et hypocrites ont fait main basse sur ce monde ; quiconque tente de le nier est digne d'estime. Pourquoi avez-vous accordé votre confiance à Macbeth ?

– Parce qu'il est né du lac ; chacun sait qu'il se considère comme le fils de Nessie et qu'il lui voue le plus ardent des cultes.

Tullibardine avait répondu avec le plus grand sérieux. Sous son aspect farfelu, l'information était de taille ; Macbeth, qui faisait mine de ne pas croire à l'existence du monstre, était donc le plus zélé de ses dévots.

– Qu'il vous aide à lutter contre Nessie semble aberrant.

– Il est conscient du danger ; si le monstre se déchaîne, des innocents et des pauvres seront condamnés à une mort injuste. J'utiliserai la dague comme un rayon de lumière ; saint Colomba me montrera la voie.

– Avez-vous entendu parler d'un livre interdit qui concerne le monstre et que personne ne doit lire ?

– Qui a évoqué ce mystère ?

– Mary Kincraig.

– J'ignore l'existence de cet ouvrage.

– En êtes-vous si certaine ?

– Je vous donne ma parole.

– Gwendolyne Hosh a mentionné deux films sur Nessie ; sauriez-vous qui les possède ?

– Non... ou peut-être...

Un vent glacial se leva ; la jeune fille se rapprocha de l'ex-inspecteur-chef.

– J'ai froid.

Higgins ôta son *Tielocken* et en recouvrit les épaules de Tullibardine.

– Vous devriez rentrer chez vous ; cette nuit, une promenade ne serait guère agréable.

– J'ai envie de vous écouter ; vous êtes un homme bon et généreux.

– Point n'est besoin de réussir pour persévérer.

Il l'aida à remonter la pente en évitant des épineux.

– Que vouliez-vous me dire ?

– J'ai oublié.

– Cette fois, vous ne le jureriez pas.

– Soyez remercié de ne pas m'y obliger ; la vérité, vous la découvrirez bien sans moi.

## CHAPITRE XVIII

Une seconde autopsie ne donna pas davantage de résultats que la première. En dépit d'un travail acharné, les spécialistes de Scotland Yard ne parvinrent pas à identifier les deux cadavres ; Marlow et Higgins étaient contraints d'avancer dans le brouillard et d'enquêter sur des victimes anonymes, privés de mobiles.

– Ne perdez pas le moral, mon cher Marlow ; nous passons à l'offensive.

La détermination de Higgins rasséréna le superintendant.

– De nouveaux détails sur le monstre ?

– Nous allons en demander au libraire ; ce monsieur Macbeth est un puits de science beaucoup trop discret à mon goût.

À proximité de Boleskine House, un attroupement barrait la route, en face d'un bac désaffecté ; plusieurs paysans maîtrisaient à grand-peine un cheval affolé qui hennissait et se cabrait. La carriole qu'il tirait gisait sur le bas-côté.

Les deux policiers descendirent de la Bentley ; le superintendant interrogea le plus calme des intervenants.

– Le cheval a vu quelque chose d'anormal sur la berge, expliqua-t-il, il est devenu comme fou.

Higgins marcha vers le bord du lac ; à cet endroit, la pente était douce. Dans la terre mouillée, une gigantesque empreinte était visible ; on distinguait trois énormes doigts. Higgins la dessina sur son carnet noir, avec un commentaire : réalité ou artifice ?

*
**

La librairie était fermée. Les deux hommes passèrent par derrière et poussèrent une porte entrouverte ; une odeur de lard fumé agressa leurs narines. Ils trouvèrent le libraire en train de faire cuire son breakfast sur le poêle. Frileux, il s'était emmitouflé dans une cape en laine ; penché sur son écuelle, il ne leva pas la tête.

– Encore la police... pourquoi cette visite matinale ?

– Consultation d'un spécialiste.

– Parlerons-nous littérature gaélique ?

– Nous parlerons du monstre.

– Le sujet ne m'intéresse pas.

Higgins s'approcha d'une étagère, choisit une très vieille reliure et caressa le cuir du bout des doigts.

– J'aimerais consulter vos traités sur les armes anciennes.

Macbeth repoussa son écuelle, mais demeura tassé sur sa chaise.

– Vous avez torturé Tullibardine ?

– Je ne vous permets pas ! s'insurgea Scott Marlow. Le Yard agit en pleine légalité, avec le respect de la personne humaine !

Macbeth leva la main droite et la laissa retomber, en signe d'impuissance.

– Je ne lui en veux pas... cette gamine est d'une naïveté désarmante. Elle se croit investie d'une mission sacrée et ne vit que pour elle. Protéger le monstre s'il est amical, le supprimer avec la dague en or s'il devient hostile ! Quelle folie... mais le monde ne vit-il pas de rêves et de cauchemars ?

– Que le fils de Nessie s'exprime ainsi est étonnant.

– Elle vous a raconté ça, aussi... pauvre petite ! Ne vous attaquez pas à une malheureuse orpheline, inspecteur, et laissez-la délirer. Moi, je tente de remplacer ses parents en sachant que je n'ai aucune chance d'y parvenir.

– La légende de la dague en or, est-ce bien vous qui l'avez retrouvée ?

– Elle figure dans la tradition gaélique.

– Tullibardine Zohar possède-t-elle cette arme ?

– Dans son imagination. Je vous le répète : laissez-la vivre dans son univers ; quel intérêt auriez-vous à le détruire et à la détruire ?

Higgins sortit son carnet noir, l'ouvrit à la page où il avait dessiné l'empreinte aux trois énormes doigts et, sans brusquerie, la mit sous le nez de Macbeth.

– Que pensez-vous de ceci ?

– Encore l'empreinte du monstre.

– Elle est toute récente.

– Ce n'est ni la première ni la dernière. Il en a laissé d'autres dans la baie d'Inchnacardoh ; comme par hasard, ce sont des enfants qui les ont repérées. Ils ont inventé un jeu beaucoup plus drôle que d'amasser des galets ; ils se sont cachés derrière une butte et ont vu sortir de l'eau une bête énorme qui ressemblait à la fois à un éléphant, à un serpent et à une girafe. Ils eurent tellement peur qu'ils en oublièrent de consommer leur goûter.

– Le monstre se déplace-t-il sur terre ? demanda Scott Marlow, de plus en plus troublé.

– Pourquoi pas ? ironisa Macbeth. Cette brave bête semble disposer de facultés de locomotion multiples et variées. On l'a vue à l'intérieur des terres, bien au-delà de la route. Elle ressemble, paraît-il, à un tronc d'arbre de dix mètres de long qui ondule comme un boa, avec une certaine élégance. Un tronc d'arbre à bosses, bien entendu, et qui se déplace nettement au-dessus du sol. Il va malheureusement si vite que personne n'est arrivé à le suivre ni à le photographier.

– Des faux ou des montages. Le seul authentique est la photo du gynécologue sur laquelle on ne distingue à peu près rien. Curieux, non ? Des dizaines de témoignages, des milliers d'heures d'observation attentive par des photographes et des cinéastes professionnels, mais pas le moindre portrait de Nessie !

– Deux films probants ont disparu.

– Eh oui, disparu... tout disparaît lorsqu'il s'agit du monstre, tellement présent et tellement absent.

– Niez-vous aussi l'existence d'un livre interdit qui lui serait consacré ?

La tête chauve de Macbeth se tourna lentement vers l'ex-inspecteur-chef.

– Si ce livre existait, c'est moi qui le posséderais ; et s'il devait rester interdit, il le resterait.

– En connaissez-vous le thème ?

Macbeth replongea dans sa gamelle.

– De quoi vivez-vous ? interrogea Marlow ; votre clientèle ne semble pas abondante.

– On ne vous l'a pas dit ? Des pièces d'or que cette charmante Nessie m'a offertes avec une générosité touchante. Comme je ne sais pas nager et puisque j'ai horreur de l'eau, elle est montée du fond du loch et a déposé ce trésor à mon intention ; envolés, les soucis matériels. N'est-ce pas une attitude normale de la part d'une mère envers son fils ?

– Vous avez tort de vous payer notre tête ! rugit le superintendant.

– Vous pourriez être victime d'un voleur, remarqua Higgins.

– Les pièces sont trop bien cachées ; vous pensez bien que je ne les garde pas ici.

Macbeth se servit un whisky mais n'en proposa pas aux deux policiers.

– Mary Kincraig ne vous aime pas beaucoup.

– C'est réciproque.

– J'ai le sentiment, avança Higgins, qu'elle redoute votre concurrence.

– Elle ferait mieux d'ôter ses oripeaux et de rentrer chez elle.

– À savoir ?

– Mary est la sœur de Grampian MacDuncan. Elle a bêtement épousé un idiot du nom de Kincraig qui a eu la bonne idée de mourir jeune ; alcoolique invétéré, il se prenait pour la réincarnation d'un démon biblique. Les quelques années passées en sa compagnie ont tourné la tête trop fragile de la petite Mary. Elle s'est enfoncée dans la sorcellerie jusqu'au cou et, ma foi, elle ne se débrouille pas trop mal. Si vous avez besoin d'un talisman efficace, faites appel à ses services.

– Elle connaît l'assassin, n'est-ce pas ?

– Elle ne possède aucun don de voyance ; sa spécialité, c'est l'envoûtement des lieux. Sa misérable hutte est mieux protégée qu'un château fort.

– D'où lui vient cette attirance ?

– Elle vivait dans une grosse demeure qu'elle appelait pompeusement « château » ; une nuit de tempête, elle a été détruite. Les coups de queue du monstre, d'après son mari ; il fut si terrorisé que le cœur n'a pas tenu longtemps. Quand un imbécile de cette envergure disparaît, l'humanité respire un peu mieux.

*
**

– Ce vieux grincheux n'a aucun sens moral, décréta Marlow ; de plus il ne cesse de se moquer de nous. Je le verrais assez bien au centre d'une machination.

Un policeman à moto dépassa la Bentley et lui fit signe de stopper. Le superintendant vérifia aussitôt qu'il avait bien ses papiers sur lui.

– Pardonnez-moi, superintendant, mais on vous réclame de toute urgence à Inverness.

# CHAPITRE XIX

La catastrophe.

Le ciel était tombé sur la tête du superintendant, avec, en prime, la totalité de la presse déchaînée, sérieuse ou à scandale.

Le monstre du loch Ness venait de faire une troisième victime ! La quatrième serait probablement Scotland Yard et la cinquième le gouvernement. Ensuite...

La Bentley suivit les voitures de police, l'ambulance et le véhicule de l'identité judiciaire jusqu'à Strone, le promontoire où se dressaient les ruines du château d'Urquhart, tout près de l'endroit où Tullibardine Zohar avait découvert la deuxième victime.

La nouvelle s'était répandue comme une traînée de poudre. Le policier qui avait reçu le coup de téléphone anonyme avait eu la maladresse de s'exclamer, « comment, une troisième victime ? » alors qu'un chroniqueur local traînait dans les parages. Ce dernier avait aussitôt monnayé ce scoop fabuleux et la nation entière s'était emparée de l'événement, à grands coups de flashs d'information à la radio et d'éditions spéciales.

Higgins demeurait de marbre.

– Ma carrière est fichue, constata Marlow ; non seulement nous n'avons aucune piste, mais encore le monstre nous nargue ! Vous semblez si indifférent...

– Je ne le suis pas et je ne crois pas que la situation soit désespérée.

– Que vous faut-il de plus ?

– Un tout petit détail.

– Ce troisième cadavre ?

– Ne vous souciez pas de lui.

– Pardon ? Mais enfin, Higgins !

– Regardez la route, mon cher Marlow ; elle est souvent plus dangereuse que Nessie.

Bougon, le superintendant se concentra sur sa conduite. C'est une troupe nombreuse qui dévala la berge afin d'atteindre l'endroit décrit par le correspondant anonyme.

De cadavre, point.

Les policiers en uniforme explorèrent une large zone sans découvrir trace d'une quelconque victime. Higgins se lissa la moustache et prit quelques notes.

*
**

La séance du Parlement fut houleuse. Le gouvernement soutint, rapports de police à l'appui, que la troisième victime était une invention des journalistes et que le monstre du loch Ness n'existait que dans leur imagination. L'opposition affirma que c'était Scotland Yard qui avait fait disparaître le cadavre afin de ne pas affoler la population ; elle produisit une photographie montrant les traces géantes de griffes appartenant à une bête colossale et mentionna l'existence d'une mission scientifique sur le terrain qui, par souci d'efficacité, devait encore être tenue secrète. Un parlementaire favorable au gouvernement perdit son sang-froid et conseilla au leader de l'opposition de piquer une tête dans les eaux noires du loch et d'y attraper le monstre par la queue. Des assesseurs durent intervenir afin d'éviter un combat à poings nus.

À Inverness fleurit une profession nouvelle dont les chômeurs locaux exigèrent la reconnaissance immédiate : « observateur du monstre ». Le Ministère compétent, afin de ne pas déclencher des mouvements de foule incontrôlables, accepta. Autour de la petite ville se dressaient des camps de toile où logeaient des touristes de plus en plus nombreux ; seul le whisky parvenait à calmer leur soif de renseignements inédits. Quand viendrait l'été, où logerait-on les milliers de curieux venus du monde entier ?

Puissamment encouragé par Higgins qui lui avait rédigé un discours musclé, Scott Marlow tira son épingle du jeu en se montrant digne de Winston Churchill. Le superintendant prouva que, dans l'épreuve, il était un véritable guerrier. Face aux édiles, à la presse, aux représentants des services sanitaires et des associations savantes, il déclara que Scotland Yard remplissait son devoir et irait jusqu'au fond des choses, fût-ce celui du lac. Scott Marlow déclara, avec une force de conviction qui emporta l'adhésion, que d'exceptionnelles mesures de précaution avaient été prises afin d'éviter un véritable troisième meurtre et que celui-ci n'aurait pas lieu ; à la population d'aider le Yard en lui accordant un court délai pour conclure victorieusement ses investigations.

Le superintendant soupira intérieurement. À l'issue de ce petit miracle, il reculait l'échéance ; lui seul savait que les fameuses « mesures exceptionnelles » se résumaient à la collaboration de Higgins. L'opinion publique était persuadée que le Yard préparait une campagne d'exploration intensive du lac, avec des moyens ultra-modernes et un armement approprié.

Les ligues de protection animale se mobilisaient déjà, bien décidées à empêcher la tuerie.

Chacun savait à présent que l'arrivée de camions, d'avions ou de bateaux chargés de matériel lourd sonnerait le signal de l'hallali ; on ne se préoccupait plus du monstre lui-même mais de la mise en place du grand spectacle au cours duquel il serait intercepté.

À cet instant crucial, ni le peuple ni la presse n'accepteraient d'être tenus à l'écart ; la capture du monstre ne serait pas effectuée à huit-clos. Sur ce point, le superintendant avait cédé, conformément aux recommandations de son collègue.

Le pacte était conclu. Une paix anxieuse s'instaura.

Marlow, fatigué mais heureux, constata que le plan de Higgins avait fonctionné à la perfection ; la machine infernale semblait désamorcée pour quelque temps.

Un sorcier... Higgins était un sorcier.

*
**

Napton Norbury dégustait un ragoût réchauffé sur son réchaud. Grâce à la trève conclue avec MacDuncan, il prenait ses plats au pub de Hauntedloch, et les dégustait dans la solitude et le silence de la berge du loch où il avait établi son campement. L'expérience lui plaisait de plus en plus ; demain, il serait consulté comme expert sur l'énorme trace récemment découverte.

Un craquement de branches cassées l'alerta. Il cessa de manger, se leva et marcha dans la direction du bruit. Son regard, habitué à l'obscurité, discerna une tache claire. Il contourna l'intrus et le surpris par derrière.

– On m'espionne ?

La jeune femme bondit et tenta de s'enfuir ; le paléontologue l'agrippa par le poignet.

– Qui êtes-vous ?

– Lâchez-moi, je vous en prie !

– Pas avant de connaître votre nom.

– Tullibardine Zohar.

– Comme vous êtes jolie... venez un peu sous le rayon de lune.

Il la lâcha. Elle ne s'enfuit pas.

– Mes activités vous intriguent ?

– Oui, je l'avoue... pourquoi vous cachez-vous ainsi ?

– Ici, j'ai une bonne vision de l'ensemble du loch Ness ; si le monstre apparaît, il ne discernera pas ma présence.

– Croyez-vous à son existence ?

– Je suis un scientifique, mademoiselle. Il me faut des faits et des preuves.

– Moi, je l'ai vu. Plusieurs fois.

Napton Norbury la contempla, conquis. Aucune de ses précédentes conquêtes ne possédait un tel pouvoir de séduction ; fragile et conquérante à la fois, elle paraissait inaccessible.

– De quoi a-t-il l'air ?

Elle pencha la tête de côté.

– C'est mon secret.

– Accepteriez-vous de le révéler pour faire progresser la science ?

– Je ne sais pas. Tout le monde veut du mal à Nessie.

– Pas moi, bien au contraire. Plus j'en saurai, mieux je la protégerai.

– Comment savoir si vous dites la vérité...

– Je n'ai que ma parole, vous suffira-t-elle ?

Elle le regarda fixement.

– Nous verrons bien.

D'un saut de côté, elle disparut dans la nuit et partit en courant.

## CHAPITRE XX

Marlow, Higgins, un journaliste scientifique du *Times*, un membre de la Société Royale de Géographie, un représentant de la Ligue pour la défense des animaux disparus et un délégué de la Société Royale de Zoologie assistèrent à l'expertise. Gwendolyne Hosh fut la première sur les lieux.

– Ce paléontologue pourrait être à l'heure.

– Les savants sont distraits, indiqua Higgins.

Sanglée dans un manteau de castor, la responsable du bureau d'investigation du loch Ness et conservateur du musée impressionnait par sa prestance.

Quand Napton Norbury arriva, avec un bon quart d'heure de retard, il fit figure de farfelu. Cheveux défaits, chemise à carreaux froissée à laquelle manquaient deux boutons, pantalon vert d'eau dépourvu du pli le plus élémentaire, chaussures non cirées déplurent à l'assistance.

– C'est ce monsieur, l'expert ? demanda Gwendolyne Hosh, pincée.

– M. Norbury est un brillant paléontologue de Cambridge, expliqua Higgins. Son avis sur les traces de griffes nous sera des plus précieux.

– Je croyais que Cambridge était une université, pas une école de clochards.

Le jeune savant s'inclina.

– Mademoiselle Hosh, je présume ?
– Parfaitement.
– Votre réputation a dépassé les frontières du loch.
– Croyez-vous ?
– J'en suis certain. La notoriété de votre musée n'est plus à établir.

Le conservateur rougit.
– Bon... bien... je ne l'ouvre que sur rendez-vous.
– Excellente idée ; aussi, vous ne recevez que de vrais amateurs.
– Le monstre est ma passion.
– Je vous comprends.
– Si nous passions à l'expertise ? proposa Marlow.

L'assistance descendit jusqu'à la berge et se disposa en cercle autour des empreintes. Napton Norbury s'agenouilla ; à l'aide d'une balayette, il écarta cailloux et impuretés qui gênaient son examen. Il utilisa réglette, niveau, doseur, balance miniature et papier millimétré. Ses gestes étaient mesurés et précis.

Enfin, il se releva.
– La bête mesure au moins sept mètres de long : ses griffes sont de véritables poignards. Une simple caresse de sa part doit être mortelle.

Le délégué de la Société Royale de Zoologie jugea indispensable de se manifester.
– J'aurais cru à un béluga, mon cher collègue, ou bien à une anguille géante.
– Pourquoi pas une loutre ou, mieux encore, un regalec ? suggéra le représentant de la Société Royale de Géographie.
– On a parlé d'un phoque, rappela le journaliste scientifique du *Times* ; pour ma part, j'opterai en faveur du silure glane ; il faut écarter le saumon, même géant, qui ne saurait atteindre une taille pareille.
– Toutes ces hypothèses ont été réfutées, déclara sèchement Gwendolyne Hosh ; elles ne tiennent pas compte de la profondeur du lac, de ses conditions climatiques, des poissons qui l'habitent et des témoignages.

– Mademoiselle Hosh a raison, estima le paléontologue. Tout porte à croire que le loch Ness abrite un animal préhistorique dont l'espèce existait il y a au moins soixante millions d'années ; je veux parler du plésiosaure.

*
**

Le pub de Hauntedloch était vide ; seul le cuisinier demeurait fidèle au poste. La qualité de ses prestations satisfaisait Marlow devenu adepte du *ploughman's lunch*, le déjeuner du laboureur.

– Je manque d'appétit, avoua-t-il.

– Mon plat n'est pas bon ?

– Excellent... mais nous savons que le monstre est coupable. L'arrêter ne sera pas une partie de plaisir.

– Ça, je ne dis pas ! Un petit hareng fumé ?

– Allons-y.

– Je vous vois contrarié... ça m'ennuie.

– Attraper Nessie outrepasse nos compétences, avoua Higgins, tout aussi abattu que son collègue.

– Êtes-vous bien sûr que le monstre est coupable ?

– Il n'y a plus aucun doute. Nous connaissons même son identité : un plésiosaure.

– C'est méchant, ça ?

– Redoutable.

– Vous me faites froid dans le dos... je pourrais peut-être vous aider.

– De quelle manière ?

Le cuisinier baissa la voix ; Marlow attaqua le hareng fumé, moelleux et savoureux. Cet appétit retrouvé combla d'aise l'Écossais.

– Je ne devrais pas vous le confier, mais il y a un homme qui sait tout sur le monstre.

– Ce serait trop beau, soupira le superintendant.

– Non, non... c'est un moine bénédictin, le frère Stone. Il réside à Fort Augustus et connaît l'emplacement du nid de Nessie.

Le superintendant s'étrangla.

– Le... quoi ?

– J'en ai déjà trop dit, je retourne à la cuisine.

– Grampian MacDuncan a-t-il quitté Hauntedloch ? s'enquit Higgins.

La question embarrassa le cuisinier.

– Non, bien sûr que non...

– J'aurais aimé lui donner le résultat de notre enquête.

– Il est harassé par les travaux des champs ; son domaine est vaste. S'il ne s'en occupe pas lui-même, tout ira de travers. Personne n'aimerait être à sa place. Soyez sans crainte : je lui transmettrai le message.

– Soyez-en remercié.

– Nous nous rendons à Fort Augustus, annonça Marlow. Quand nous arrêterons le monstre, nous penserons à vous.

## CHAPITRE XXI

Le monastère bénédictin de Fort Augustus n'avait été fondé qu'en 1876, à l'emplacement du sinistre fort érigé en 1730 par un général anglais afin de prévenir toute rébellion écossaise. Peine perdue, puisque le fier tempérament des Highlanders s'était rangé aux côtés des Jacobites afin de placer un Stuart sur le trône. La défaite de Culloden, le 16 avril 1746, avait été le prélude d'une terrible répression ; le duc de Cumberland, surnommé « le boucher », s'était livré aux pires exactions.

Fort Augustus, par son nom même, conservait l'atroce souvenir de ce duc haï de toute l'Écosse, jusqu'à la fin des siècles. Un noble anglais avait acheté la place forte pour la léguer aux Bénédictins. Le frère Stone, homme petit et robuste d'une soixantaine d'années, reçut les deux policiers dans la bibliothèque.

– Scotland Yard dans nos murs... c'est une première ! L'un de nous serait-il accusé de quelque méfait ?

– Notre unique suspect est le monstre, assura Marlow.

– Ah, le monstre ! Il s'était tenu tranquille pendant quelques années. Le voici de nouveau sur le devant de la scène.

– Vous... vous croyez à son existence ?

Le frère Stone présenta au superintendant un gros livre relié.

– Voici les témoignages de quelques Bénédictins dignes de foi. D'ici, on a une bonne vue sur le lac et le monstre aime se promener dans les parages ; le frère Horan l'a contemplé à moins de trente mètres de lui. Le monstre, presque goguenard, l'observait de ses petits yeux. Il a une tête fort mince par rapport à son énorme corps ; le cou est long et flexible. Le frère Horan ne s'est pas affolé, le monstre non plus ; il fit demi-tour sans se presser, nagea avec grâce et plongea.

La religion de Marlow était faite ; si un Bénédictin apportait de telles preuves, qui pouvait encore douter de l'existence de Nessie ?

– Le monstre est âgé d'au moins quinze cents ans, continua le frère Stone. Notre grand ancêtre, saint Colomba, l'a observé à loisir ; grâce à ses prières, il l'a mis en fuite. Comme le monstre continuait à terroriser la région, le saint vogua en barque sur le lac. Dès que la bête apparut, il lui présenta la croix et l'apaisa ; le monstre accepta même de le haler. N'est-ce pas une merveilleuse histoire ?

– On prétend que vous connaissez l'emplacement du nid de Nessie, avança Higgins.

– C'est beaucoup dire ! La légende prétend qu'il en existe un, en effet.

– À quel endroit ?

– À un endroit perdu, dans la lande, près de Hauntedloch. Je vous fais un dessin.

*
**

Higgins, qui marchait en tête, fit un maximum de bruit. Il écarta des branchages qu'il prenait soin de secouer, fit crisser la pierraille sous ses talons ; Scott Marlow l'imita. Le plan du Bénédictin était clair et précis ; ils n'eurent aucune hésitation, malgré la difficulté du terrain et les nappes de brume qui gênaient leur progression.

À un mètre de la rive, un profond creux dans le sol. Une pierre levée, haute d'un mètre, et gravée de signes étranges, marquait le caractère sacré de l'endroit.

– Ce n'est pas possible, marmonna Marlow.

– Le nid de Nessie, constata Higgins. Regardez la terre : elle a été fraîchement remuée.

L'ex-inspecteur-chef s'empara d'un bâton et commença à creuser.

– Arrêtez ! Vous n'avez pas le droit ! hurla un homme qui sortit du buisson, une serpe à la main, et se précipita sur Higgins.

Scott Marlow s'interposa, saisit le poignet de l'agresseur et l'obligea à lâcher son arme.

– Merci, superintendant ; je crois bien que vous venez de m'éviter un mauvais coup.

– Partez d'ici, partez ! hurlait encore le forcené, à la tête couverte d'un capuchon.

– Voici un moine belliqueux, jugea Higgins ; voudriez-vous dévoiler son visage, mon cher Marlow ?

– Tenez-vous tranquille, ordonna le superintendant, ou je vous oblige à vous allonger par terre.

Le bonhomme, vaincu, cessa de se débattre.

Scott Marlow rabattit le capuchon sur ses épaules.

– Monsieur Macbeth ! Quelle surprise... auriez-vous quitté la librairie pour entrer dans une communauté monacale ?

– Le frère Stone est un vieil ami. Il m'a prévenu. Vous êtes ici chez moi, sans autorisation légale.

– Ce terrain vous appartient ?

– Exactement.

– En ce qui concerne le rivage, c'est discutable ; or, le nid de Nessie se trouve tout près de l'eau.

– Si vous le profanez, je vous tue !

Macbeth tenta en vain de s'arracher à la poigne de Marlow.

– Ne recommencez pas, prévint ce dernier ; vous êtes déjà coupable de tentative de meurtre. La récidive vous coûtera cher.

– Je m'en moque ! Ce qu'il faut préserver à tout prix, c'est le nid de Nessie.

– Pourquoi donc ?

– Si l'homme le viole, il déclenchera une formidable

tempête ; les monts des Highlands s'effondreront dans le lac, la terre se soulèvera, les vieux sanctuaires jailliront du fond des eaux et exploseront comme des pierres de feu qui détruiront toute vie en Écosse. Ne dérangez pas le monstre, ne touchez pas à son nid... sinon, sa colère sera terrifiante. À côté d'elle, les éruptions des volcans sont un banal éternuement.

– Vos prédictions font réfléchir, concéda Higgins. Qu'y a-t-il dans ce nid ?

– Plus rien.

– En ce cas, quel risque courons-nous ?

– L'esprit de Nessie se vengera ! Je ne veux plus aucun touriste dans les Highlands... ce sont eux qui détruisent notre pays.

– Voilà un aveu de taille : les deux morts sont donc des touristes.

– Je me moque de ces cadavres et je ne sais rien à leur sujet.

– Appartenez-vous au clan MacDuncan ?

– Je le hais ! C'est un despote, un tyran, un malfaisant !

– Les faits restent à vérifier ; je repose ma question : appartenez-vous à son clan ?

Le libraire parut gêné. De sa main libre, il rabattit la capuche sur sa tête.

– Dans les Highlands, on ne peut pas changer de clan. Je n'ai pas choisi le mien et je suis bien obligé d'accepter son existence. Mais je désapprouve l'action de Grampian et ne reconnais plus son autorité ; à cause de lui, le clan a perdu son prestige. Hauntedloch n'est plus qu'une bourgade perdue, triste et sale.

– Quelle faute a-t-il commise ?

– Ça ne vous regarde pas.

– Avez-vous encore des liens avec lui ?

– Aucun. Je refuse de lui obéir et je préfère ma solitude à l'asservissement. Donnez-moi votre parole de ne pas toucher au nid de Nessie !

– Donnez-moi la vôtre auparavant.

– La mienne... mais sur quoi...

– Jurez-moi que le contenu réel de ce nid est sans rapport avec les deux meurtres.

– Je vous le jure !

– Sur ma lignée, je vous donne ma parole que nous laisserons ce sanctuaire intact.

Les trois hommes remontèrent la pente à travers buissons et taillis. Sans mot dire, Macbeth s'éloigna.

– Votre parole...

– Elle est définitive, mon cher Marlow. Quand je la donne, je ne la reprends pas.

– Tout de même, cet endroit...

– Il n'a rien à nous apprendre ; Macbeth a caché ses économies et sans doute quelques pièces d'or dans le nid de Nessie. De quel meilleur coffre-fort pouvait-il rêver ?

– Ce type est fou à lier !

– Possible... mais il a commencé à dire la vérité, même s'il dissimule l'essentiel.

– Vous... vous tenez une piste ?

– Tenir est un bien grand mot ; mais la brume se déchire.

# CHAPITRE XXII

Un quart d'heure de vent violent, un quart d'heure de pluie battante, un quart d'heure de soleil, un quart d'heure de nuages bas : la douche écossaise fonctionnait à plein régime. Napton Norbury ne s'en souciait guère ; un camion affrété par la Société Royale de Géographie, le ministère de la Recherche et l'Université de Cambridge venait de lui livrer un appareil révolutionnaire qui, par un mécanisme subtil de résonances et d'échos, lui permettrait de déceler l'endroit du loch où se terrait le monstre. Lorsque l'animal se déplacerait, un enregistreur déclencherait un bras métallique qui inscrirait des variations de courbe sur du papier spécial.

Cette fois, le monstre du loch Ness n'échapperait pas à la science.

Napton Norbury avait participé à l'élaboration de cet appareil qu'il suffirait de placer dans la cabine d'un bateau ; les militaires le lui enviaient. Le paléontologue vérifia son bon fonctionnement et, satisfait, constata qu'il n'avait pas souffert du voyage.

– À quoi vous servira cet engin ? demanda Tullibardine Zohar.

Il se retourna, ravi.

– Depuis combien de temps m'observez-vous ?

– Une heure, peut-être davantage... je n'osais vous importuner.

– J'ai été sensible à vos attentions.

– Je ne comprends pas.

– Les fleurs et le pudding, devant ma tente... c'est bien vous ?

Elle sourit, mutine.

– Peut-être...

– J'ai tout mangé, sauf les fleurs. C'était délicieux.

– Est-ce une bombe ?

– Non, un appareil de repérage. Il m'indiquera l'endroit où se cache Nessie.

– Souffrira-t-elle ?

– Pas le moins du monde ; elle ne court aucun risque.

– Comptez-vous la capturer ?

Napton Norbury n'eut pas le temps de répondre ; deux hommes approchaient.

– Nous avons de la visite.

Higgins et Marlow acquéraient peu à peu le pied écossais, cette démarche particulière qui permet de gravir les pentes et de les dévaler, de cheminer à travers la lande et de garder un jarret solide malgré les accidents du terrain.

– Voici une heureuse rencontre, constata-t-il ; vous vous étiez promis de faire connaissance, me semble-t-il.

– Mlle Zohar est tout à fait charmante.

– S'intéresse-t-elle à vos travaux ?

– De très près.

– Le monstre est un peu sa propriété... tâchez de ne pas l'abîmer.

– Je la consulterai en permanence.

– Nous devrons l'arrêter d'une manière ou d'une autre, je le crains ; deux meurtres, même pour un monstre, ce n'est pas tolérable.

– À moi de juger, déclara Tullibardine Zohar avec gravité. Le monstre n'appartient pas à la sphère humaine et ne relève pas de ses lois. Quiconque essaiera de l'y faire entrer s'exposera à sa vengeance.

Scott Marlow voulut protester avec véhémence, mais un signe de Higgins lui imposa silence.

– Grampian MacDuncan ne détient-il pas des privilèges ?
– Le chef du clan est au service de nous tous, comme Nessie.

Elle adressa un regard tendre au paléontologue et s'enfuit, avec sa grâce et sa légèreté habituelle.

– Étrange et merveilleuse fille... commenta-t-il, rêveur.
– A-t-elle fait progresser vos recherches ?
– Pas d'un pouce, mais c'est sans importance. Elle apporte un rayon de lumière dans cette contrée sinistre.
– Nous attendons beaucoup de votre appareil, indiqua Marlow.
– Vous avez raison ; cette fois, c'est la dernière ligne droite. Le monstre ne nous échappera pas.
– Quand l'exploration débutera-t-elle ?
– Dès que j'aurai déniché un bateau.

*
**

Les eaux noires du lac ondulaient sous le vent ; les arbres dansaient et les rochers faisaient le gros dos, à l'affût de la moindre éclaircie. Marlow, qui détestait marcher, suivait avec peine le rythme imposé par Higgins.

– Êtes-vous persuadé de l'utilité de cette démarche ?
– Puisque Angus Glenbervie n'est pas chez lui, il faut bien aller le chercher dans son champ.
– Que pourrait bien nous apprendre ce pauvre bougre ?

Higgins s'arrêta et contempla le paysage, grandiose et sauvage. Il commençait à aimer le loch Ness et ses mystères ; s'il n'avait pas fallu sauver la carrière de son ami Marlow et assurer un repos éternel à l'âme de deux malheureux en identifiant leur assassin, il se serait contenté d'un séjour anonyme.

– Ce pauvre bougre, mon cher Marlow est apparu sur notre route de façon un peu trop spontanée. En tant que membre du clan MacDuncan, il remplit une mission. À nous de lui faire comprendre que nous ne sommes pas dupes ; cette stratégie devrait nous faire progresser.

Comme la plupart des pêcheurs des Highlands, Angus Glenbervie était aussi un *crofter*, c'est-à-dire un paysan qui cultivait un lopin que lui accordait le chef de son clan. En dépit des assauts répétés de la loi britannique, l'institution locale avait tenu bon.

Appuyé sur sa bêche, un large béret enfoncé sur les oreilles, ses longs cheveux roux pendant sur les épaules, Angus Glenbervie regarda Scotland Yard venir à lui.

– Un problème, messieurs ? Moi, j'ai du neuf ! De ce champ, où je vous parle, j'ai revu le monstre, ce matin même ! Malgré les creux, dans le loch, il jouait avec les vagues et le vent. Quel bestiau ! Sept mètres de long, au minimum. Le dos est plus sombre que le ventre : ça, j'en suis sûr. Et la vitesse ! Comment une masse pareille peut-elle se déplacer à une telle allure ?

– Vous devez connaître tous les pêcheurs du coin.

– Pour sûr, inspecteur.

– Ont-ils rencontré Nessie ?

– Parlez-en aux descendants de Milne, l'armurier d'Inverness ; lui et deux copains étaient partis à la chasse au monstre, un soir de juillet 1930. Une bonne plaisanterie, croyaient-ils ; quand l'eau s'est mise à bouillonner et à tourbillonner, à quelques centaines de mètres d'eux, ils ont cessé de rire ! Le monstre a décrit des cercles de plus en plus rapprochés autour de leur barque et ils ont cru leur dernière heure arrivée. Soudain, il a plongé ; le sillage a failli faire chavirer l'embarcation. Jamais ils n'ont ramé aussi vite pour regagner la terre ferme.

Higgins prit des notes.

– Instructif. D'autres témoignages ?

Le pêcheur-agriculteur hésita.

– C'est tellement incroyable...

– Le superintendant et moi-même vous écoutons avec la plus grande attention.

– Des pêcheurs l'ont vu manger. Son long cou sortait de l'eau ; de ses petits yeux, il observait la surface et... plouf ! La tête s'enfonçait comme un éclair ; Quand elle ressortait, il avait une truite dans ses mâchoires. Si un malencontreux coup de rame ne l'avait pas effrayé, Nessie aurait continué son repas.

– Vous êtes une mine d'or, M. Glenbervie.

– J'aimerais bien. Ça m'éviterait de piocher la terre, de courir après mes moutons et de risquer ma peau en pêchant dans le loch.

– Grampian MacDuncan a-t-il des ennuis ?

Le visage de l'Écossais se ferma.

– Pourquoi me demandez-vous ça ?

– Son absence au pub m'inquiète.

– Il est très occupé, voilà tout.

– Le libraire Macbeth...

– Ne me parlez pas de ce type ! C'est la honte du clan. Il refuse d'obéir au chef et se comporte comme un renégat. Il ne colporte que des calomnies et des mensonges. Un bon conseil : n'écoutez pas un alcoolique de ce calibre-là. Il est saoul du matin au soir. Salir MacDuncan : voici son seul but.

– Observez bien, recommanda Higgins ; si vous revoyez le monstre, ne manquez pas de nous en avertir. Cette fois, la chasse sera lancée sur une grande échelle. Nous disposons d'un spécialiste et de moyens modernes. À bientôt.

À bonne distance de l'Écossais, Marlow émit une protestation.

– Tout ce trajet pour si peu...

– Permettez-moi de m'inscrire en faux, superintendant ; nous venons de prendre réellement l'initiative et les résultats ne devraient pas se faire attendre.

# CHAPITRE XXIII

L'air des Highlands avait un effet très net sur Scott Marlow : il lui avait ouvert l'appétit, au point de lui faire oublier que ses rapports étaient remplis d'un vide certain. Après d'éprouvantes journées, le retour au pub de Hauntedloch était un plaisir. Hélas, le temps filait aussi vite que le monstre ; bientôt, l'état de grâce prendrait fin et il faudrait rendre des comptes.

Le son d'une cornemuse frappa les oreilles du superintendant.

– Excellent instrumentiste, dit Higgins. Phrasé délicat, intonation nette, style martial qui convient à l'instrument... un virtuose des tuyaux, sans nul doute.

En s'approchant du village, ils distinguèrent l'épaisse silhouette de Grampian MacDuncan, assis au sommet d'un rocher rond, face au loch Ness ; il jouait un vieil air traditionnel des Highlands, à la fois mélancolique et agressif. Une phrase musicale revenait sans cesse : *la, la dièse, sol, si, si bémol.* Higgins la nota sur son carnet.

Au pied du rocher, les policiers attendirent la fin du concert. Le chef du clan termina par une superbe montée chromatique ; avec précaution, il posa le *bagpipe* à côté de lui.

– Remarquable, jugea Higgins.

– Je n'ai plus souvent le loisir de jouer ; surveiller mes terres passe avant les distractions. Depuis que les Anglais ont massacré mon peuple à Culloden, en 1746, ils ne cessent de martyriser les Highlands. Si ce maudit général Wade n'avait pas tracé la première route le long du loch, nous aurions échappé à l'invasion des touristes. Ce sont des soldats qui l'ont taillée dans le roc ; les explosifs en ont tué beaucoup, à la suite de fausses manœuvres, mais ils se sont acharnés. Ces barbares interdisaient le port des tartans, des plaids et des kilts ; jouer un air de *bagpipe* était considéré comme un crime passible de prison. L'Écosse, messieurs, est la partie la plus ancienne de la Grande-Bretagne ; elle devrait être son centre ! Aujourd'hui, on se contente de ressusciter un folklore désuet, mais la grandeur des Highlands est à jamais perdue. Pourtant, je me battrai jusqu'au bout, et s'il faut reprendre les armes, je les reprendrai.

La cornemuse sous le bras, Grampian MacDuncan descendit du rocher, passa devant les deux policiers et se dirigea vers son nid d'aigle sans passer par le pub.

– Drôle de gaillard, estima Marlow. Il ne manque pas de suite dans les idées.

– En cela, il est déjà exceptionnel.

Aux nombreuses pages du carnet noir déjà consacrées au chef du clan, Higgins en ajouta une nouvelle.

– Le soupçonnez-vous ?

– Comme les autres, superintendant.

– Son comportement fait-il partie des réactions que vous espériez ?

– La logique suit son cours ; souhaitons qu'elle ne dérape pas.

Trop fatigué pour réfléchir, Scott Marlow se concentra sur un *haggis* de première qualité ; les abats de mouton, finement hachés, avaient été mélangés de façon parfaite à une graisse de rognon que la farine d'avoine grillée rendait digeste. En Écosse, on savait vivre.

*
**

Napton Norbury avait mal dormi. Serrant dans ses bras son appareil de détection, il avait rêvé d'une bonne dizaine de monstres préhistoriques, du brontosaure au dinosaure en passant par le ptérodactyle. Sa tâche ne serait pas facile : un lac de trente-sept kilomètres de long, à la profondeur inconnue... l'entreprise en aurait découragé plus d'un. Les journaux locaux, relayés de manière modérée par le *Times*, croyaient de moins en moins à son succès.

La température était plutôt douce et il ne pleuvait pas ; le paléontologue fut déçu de ne pas trouver un nouveau pudding au pied de sa tente. Un autre cadeau, cependant, avait été déposé. Punaisé dans la toile, un message des plus clairs :

*Renoncez à votre tentative d'explorer le loch Ness. Ne dérangez pas Nessie. Ceci est le dernier avertissement. Si vous passez outre, vous trépasserez.*

La menace rendit furieux le jeune savant ; il enfourna son appareil de détection dans un sac et partit séance tenante à la recherche d'un bateau.

Partout, il se heurta à des refus plus ou moins aimables. Les pêcheurs étaient à la pêche, les autres embarcations en réparation.

Le cuisinier du pub lui conseilla de s'adresser à Angus Glenbervie ; comme il manquait toujours d'argent, un extra devrait l'intéresser.

*
**

Le scandale éclata à l'aube. La rumeur provint d'Inverness, de Fort Augustus ou de Glenmoriston et grossit en quelques heures. De foyer en foyer, la nouvelle se répandit : le monstre du loch Ness avait été tué et son cadavre se trouvait dans une crique, au bas du village d'Inverfarigaig.

Le sentiment national écossais s'éveilla. Les autochtones refusèrent la destinée cruelle qui les frappait ; que des étrangers vissent la dépouille de Nessie leur parut incongru, immoral et indécent. Seuls des Écossais pouvaient recueillir le cadavre et l'examiner.

Une marée humaine déferla vers Inverfarigaig, uniquement composée de Highlanders pure souche. Sur la berge gisait bien un animal, mais sa taille fut une déception et une satisfaction ; déception, car le malheureux éléphant de mer n'avait rien de monstrueux ; satisfaction, car Nessie était saine et sauve.

Furieux et vexés, les journalistes chassèrent l'auteur de cette mauvaise farce : le propriétaire d'un cirque. Il fut promptement inculpé et incarcéré, sous l'accusation de torture infligée à un animal sans défense.

*
**

Napton Norbury avait sa tête des mauvais jours.

– Je veux voir Angus Glenbervie.

Le cuisinier du pub fit une moue désabusée.

– J'ignore où il est.

– Nous sommes au courant, dit Scott Marlow, après avoir vidé sa pinte de whisky ; vous le cherchez ?

– C'est urgent ; lui seul peut me louer un bateau, paraît-il.

Le marin poussa la porte du pub.

– Sacrée journée... j'ai soif.

Le paléontologue le servit lui-même.

– Combien ?

– Combien quoi ?

– La location de votre bateau.

– Ah... quand ?

– Tout de suite.

– Je suis fatigué, moi.

Napton Norbury pose une liasse de billets de banque sur le comptoir.

– Je suis moins fatigué, à présent. Allons-y.

– Nous vous accompagnons, déclara Higgins.

Le pêcheur ne parut guère enthousiaste.

– Quatre à bord... ce n'est pas prudent.

– C'est bien mon avis, opina Marlow.

– Sans risque, on n'obtiendrait jamais rien ; dépêchons-nous. Il nous reste une heure avant la tombée de la nuit.

– Formidable ! dit le paléontologue. Nous allons enfin savoir.

Le quatuor se rendit à la berge avec des sentiments variés ; le pêcheur les aida à monter à bord. Napton Norbury sauta comme un cabri, son sac à la main ; Higgins plia soigneusement les genoux, afin d'éviter une crise d'arthrite ; Scott Marlow, le pied incertain, fit tanguer l'embarcation et s'effondra davantage qu'il ne s'assit.

Le jeune savant sortit l'appareil du sac et le posa à l'avant de la barque.

– Un instant, je vérifie.

Satisfait, il autorisa le départ. D'un coup de rame bien dosé, le marin écarta le bateau de la rive. À l'idée de naviguer sur le loch Ness, Scott Marlow éprouva une légitime angoisse. Angus Glenbervie rama en cadence, sans hâte ; Norbury garda les yeux fixés sur un cadran.

Soudain, l'esquif ralentit et vogua sur son erre. Le pêcheur abandonna les rames et se leva.

– Là, à gauche, le monstre ! Attention !

Les événements se précipitèrent. Marlow se tourna, déséquilibrant la barque ; le paléontologue tomba en arrière ; d'un coup de pied malheureux, Glenbervie précipita l'appareil de mesure au fond de l'eau.

Assis à l'arrière, Higgins avait assisté à la scène sans bouger.

## CHAPITRE XXIV

– C'est un accident, répéta Angus Glenbervie, un déplorable accident.. J'ai cru voir le monstre et je me suis affolé.

Affalé dans un coin du pub, Napton Norbury buvait whisky sur whisky : après avoir hurlé et tempêté, il sombrait dans la désespérance et ne se consolait pas de la perte de son matériel.

– Vous fûtes bien maladroit, précisa Higgins ; je me demande si nous ne devrions pas vous inculper.

Le pêcheur vida une nouvelle chope ; Scott Marlow prenait soin de ne pas le laisser à sec. La langue d'Angus Glenbervie devenait pâteuse et son expression embarrassée ; il s'accrochait au comptoir afin de ne pas tomber.

– Moi, inculpé ? Mais qu'est-ce que j'ai fait ?

– Vous le savez aussi bien que moi.

– Je ne veux pas être le seul responsable... le chef du clan, c'est Grampian !

– L'accuseriez-vous d'un délit précis ?

– Holà, holà ! Je n'ai rien dit de tel... le seul coupable, c'est le monstre ! N'allez ennuyer personne d'autre... Nessie, elle aime autant le whisky que moi... c'est elle qui me l'a volé et qui le cache au fond du lac... je me demande même si elle ne le fabrique pas... comment voulez-vous qu'on boive en paix, après ça... Moi et Grampian, on ne supporte pas les femmes ! Pas plus

Nessie que cette pimbêche de Gwendolyne Hosh ou que cette folle de Tullibardine... toutes ces femelles devraient rester chez elles et se taire...

La porte du pub s'ouvrit à la volée ; apparut la stature colossable de Grampian MacDuncan.

– Qu'est-ce que tu racontes, Angus ?

Le pêcheur blêmit.

– Tu as trop bu, mon gars ; va dormir.

Angus Glenbervie, le béret bien vissé sur la tête, sortit du pub sans oser regarder le maître du clan. Ce dernier s'approcha du paléontologue.

– Vous aussi, vous avez trop bu. Ce n'est pas un comportement digne d'un savant.

Vexé, Napton Norbury jeta sa chope.

– Ça va... je vais me coucher, moi aussi.

D'un pas lourd et hésitant, le jeune homme suivit le pêcheur.

– Un incident regrettable, expliqua Higgins ; nous avons perdu l'appareil de mesure qui nous aurait permis de localiser Nessie. Les fausses manœuvres ont parfois des conséquences regrettables.

– Angus vous a emmenés sur le lac ?

– Exact, répondit Marlow, il a cru que le monstre nous attaquait.

– Ça s'est déjà produit ; que vous a-t-il raconté, au juste ?

– Que Nessie fabriquait du whisky au fond du lac.

Le colosse se remplit une chope.

– Pauvre Angus ! Il perd la tête. Trop de travail... l'agriculture et la pêche, ça l'épuise. Mais comment faire autrement dans nos Highlands que les Anglais ont condamnés à la misère ?

– N'est-il pas un membre fidèle de votre clan ? s'étonna Higgins.

– Je n'ai rien à lui reprocher ; parfois, il fabule. Rien de bien grave.

– Il prétend que vous détestez Gwendolyne Hosh.

– Elle m'énerve un peu, c'est vrai, mais elle aussi fait partie du clan ; le musée, c'est mon argent qui l'entretient. Son côté pimbêche ne l'empêche pas de travailler correctement et de veiller sur les trésors qu'elle a su rassembler. Avant qu'elle n'accumule les preuves de l'existence de Nessie, des spécialistes prétendaient encore que le monstre était un tronc d'arbre flottant.

Higgins compléta ses notes.

– Votre ami Angus vous accuse aussi de détester Tullibardine Zohar.

Le chef du clan frappa du poing sur le comptoir.

– Ça, c'est vrai ! Cette gamine est un vrai démon, malgré son visage d'ange !

– N'a-t-elle pas refusé de se soumettre au clan ?

Grampian MacDuncan se figea. Un calme inquiétant l'envahit.

– Vous êtes un voyant, inspecteur.

– Quelles sont les raisons de cette insoumission ?

– C'est une femme. Les femmes sont désobéissantes par nature. Elles discutent, remettent en cause les décisions, cherchent à être originales. Dans les Higlands, elles sont plus nuisibles qu'utiles.

– Une jeune fille vous porterait-elle ombrage ?

– C'est une mystique qui croit aux fantômes, aux spectres, aux esprits, aux...

– Et à Nessie, comme vous.

– Nessie n'est pas une croyance, mais une réalité.

– À l'exception de quelques pièces d'or et d'un château délabré, Tullibardine Zohar ne possède rien : comment pourrait-elle vous gêner ?

– Parlons-en de ce château ! Il est sur le territoire du clan... je devrais donc le contrôler. C'est la loi, dans les Highlands. Cette maudite fille m'en refuse l'accès et me nargue aux yeux du pays entier. Que feriez-vous à ma place ?

– J'entamerais des négociations.

– Avec elle, impossible. Elle n'écoute pas, elle apparaît et disparaît à sa guise. Cette fille est une tache sur mon tartan.

– Quelles mesures comptez-vous prendre ?

– Interdire sa présence aux réunions du clan et aux fêtes traditionnelles... mais elle s'en moque !

– N'a-t-elle pas des rapports privilégiés avec Nessie ?

– Balivernes ! Comme n'importe quelle mystique, elle s'est bâti un monde de rêves où elle s'enferme. Un jour, elle se jettera dans le lac et on ne la reverra plus. Sa disparition ne m'arrachera pas une larme.

Scott Marlow intervint.

– Ces paroles sont-elles des menaces ?

Le chef du clan tapa dans le dos du superintendant.

– Vous en avez de bonnes ! Si je voulais supprimer cette donzelle, il me suffirait de serrer dix secondes son joli cou entre deux doigts, et la messe serait dite. Chez les MacDuncan, on tue l'Anglais mais on n'assassine pas les siens.

Du feu dans les poumons, Marlow fut victime d'une longue quinte de toux.

– Ça ne va pas, superintendant ? Buvez une pinte de whisky sans respirer. Il n'existe pas de meilleur remède ! J'ai sommeil. Demain, il faut remonter dans les champs, bêcher et poser les bornes. Ce ne sont pas les Anglais qui me donneront un coup de main.

Le chef du clan sortit du pub en claquant la porte ; les murs tremblèrent.

## CHAPITRE XXV

Higgins badigeonna d'arnica le dos meurtri du superintendant, lui recommanda de ne pas bouger et de s'endormir avec une bouillotte sur le ventre. Demain, il serait sur pied.

Un parfait silence régnait sur Hauntedloch. Le sommeil avait gagné chaque demeure ; aucune lumière ne brillait. Une longue marche n'effrayait pas Higgins ; aussi s'engagea-t-il dans un sentier qui lui permettrait de rejoindre la route. Non seulement le temps pressait, mais encore un sinistre pressentiment s'emparait-il de lui. Ces deux cadavres seraient-ils les derniers ? Combien de victimes ferait encore le monstre ? Des fils obscurs et morbides se tramaient, une tragédie se préparait dans les ténèbres.

L'ex-inspecteur-chef avait compris certains aspects de l'énigme, mais il lui manquait toujours ce fameux détail qui éclairerait l'ensemble de la machination. Puisqu'il avait pris l'initiative, il ne fallait plus la perdre. En harcelant les protagonistes du drame, en leur extirpant les indications qu'ils ne voulaient pas donner, il progresserait.

Le vent frais était propice à la marche. Une heure suffit à Higgins pour atteindre Boleskine House. Il passa par derrière. Cette fois, la porte était fermée ; un rai de lumière prouvait que le libraire ne dormait pas. Une succession de bruits témoignait d'une activité intense. En vertu de la procédure habituelle, Higgins aurait dû frapper et s'annoncer ; mais c'était risquer de manquer un spectacle des plus instructifs. Avec regret, mais sans remords, il utilisa un instrument métallique à vocations multiples que lui avait offert, en hommage, l'un des meilleurs perceurs de coffres-forts du Royaume-Uni ; « si vous continuez à percer les mystères, avait déclaré l'artiste, cet objet, fruit d'une longue expérience professionnelle, vous facilitera la tâche. »

En moins de cinq minutes, Higgins vainquit la serrure sans lui causer le moindre dommage. Dès qu'il fut entré, il recueillit le bénéfice de sa démarche.

Macbeth avait étalé sur le parquet une cinquantaine d'in-folio, tous ouverts à une page remplie de figures en couleurs représentant des armes blanches. Les légendes expliquaient l'origine et la fonction des épées, poignards, lances et autres stylets.

Le libraire, vêtu d'une cape rouge et d'un bouquet d'hermine, était accroupi au-dessus d'un magnifique dessin de dague en or.

– Un chef-d'œuvre, apprécia Higgins.

Macbeth sursauta.

– Inspecteur ! Comment...

– Vous aviez mal fermé votre porte. Est-ce la fameuse dague en or de Tullibardine Zohar ?

Macbeth referma l'in-folio.

– Ne faites pas l'enfant ; puisque j'ai vu cette arme d'un autre âge, pourquoi ne pas dire la vérité ? Elle est toujours beaucoup plus simple que le mensonge.

– Je ne mens pas.

Le libraire serrait le grand livre contre son cœur ; Higgins aperçut la couverture.

– Une croix celte et une croix templière gravées à l'or fin... voilà une rareté digne d'un grand libraire. L'ouvrage contient certainement une explication décisive relative à la dague en or ; c'est pourquoi vous avez revêtu ces habits rituels afin d'être digne de la révélation qui s'offrait à vous. Suis-je sur le bon chemin ?

Macbeth opina du chef.

– Grampian MacDuncan n'aime guère Tullibardine Zohar.

– Il la hait, inspecteur ; l'homme n'est pas commode de nature et, depuis un an, sa mauvaise humeur est devenue permanente. Moi, je n'ai pas besoin de lui pour vivre ; il ne le supporte pas. Quiconque ne lui est pas soumis est un adversaire à écraser.

– Écraser signifie-t-il détruire ?

– Grampian est conscient de sa force physique ; il s'en méfie et n'a jamais tué personne.

– Il existe d'autres manières de supprimer les gens.

– Ni moi ni Tullibardine n'avons besoin de lui pour vivre ; il nous abandonne à notre isolement. Certes, il préférerait nous voir dix pieds sous terre.

Higgins prit de nombreuses notes.

– Vous avez prononcé le mot « haine » à propos de Tullibardine.

– Grampian et les femmes... les rapports ne sont guère meilleurs qu'avec les Anglais.

– Gwendolyne Hosh l'admire.

– Bien plus, elle en est follement amoureuse depuis de nombreuses années ; Grampian ne supporte pas ses minauderies et ses airs prétentieux. La pauvre Gwendolyme s'acharne ; elle croit encore à ses charmes. Sa persévérance est touchante, mais inutile. Grampian est plus têtu qu'un rocher des Highlands.

– Jalouse ?

– Terrifiante. Aucune autre ne s'approchera du chef du clan.

– Grampian MacDuncan est amoureux de Tullibardine Zohar, n'est-ce pas ?

Macbeth leva vers l'ex-inspecteur-chef des yeux étonnés.

– Seriez-vous une sorte de voyant ?

– Simple observation.

Le libraire parut accablé.

– C'eût été une belle histoire, malgré la différence d'âge... Grampian l'a demandée en mariage, elle l'a repoussé. Il n'est pas d'injure plus grave ; personne ne doit rien refuser à un chef de clan. L'amour s'est transformé en dépit, puis en ressentiment farouche. Une jeune vierge inaccessible... quoi de plus irritant pour un conquérant comme Grampian ? La situation actuelle doit le blesser plus encore.

– Évoquez-vous la cour discrète de Napton Norbury ?

– Pas si discrète que ça ; tous les Highlands sont déjà au courant. Qu'une sauvageonne comme Tullibardine se laisse aborder par un homme jeune, beau et intelligent est une sorte de miracle ; qu'elle lui offre de petits cadeaux en est un autre. Comment ne pas deviner la fin ?

– Vous allez un peu vite.

– Peut-être... je prends souvent mes désirs pour des réalités. J'aimerais tant la voir heureuse cette petite ! Il l'emmènerait loin du loch Ness, loin de cette province sinistre et lui ferait découvrir le monde. Un peu de bonheur... voilà ce que je leur souhaite. Il est si rare, en ce bas monde.

– N'est-il pas affaire de regard ? S'ils savent l'un et l'autre se contempler dans leur mystère, ils formeront un vrai couple.

– Avez-vous déjà été follement amoureux, inspecteur ?

– C'est moi qui mène l'enquête, M. Macbeth ; je suis donc contraint de vous renvoyer la question.

– Je vais vous paraître ridicule... mais cette petite Tullibardine est si belle, si douce... absurde ! Un vieillard et une enfant, quel scandale ce serait! Je me méprise. Rassurez-vous, je ne lui ouvrirai jamais mon cœur. Elle me respecte comme un père, elle attend mon aide, et je ne la trahirai pas. Cet amour impossible restera mon secret.

Le libraire était au bord des larmes ; avec tendresse, il serrait contre lui le lourd volume comme s'il s'agissait de la femme désirée.

– C'est dérisoire... pardonnez-moi. La jeunesse est un trésor si précieux que personne n'y prête attention, sauf lorsqu'il est trop tard.

Macbeth reposa l'in-folio sur le parquet et l'ouvrit à la bonne page.

– Voici la dague en or que possède Tullibardine. Ce sont les dieux qui l'ont forgée et offerte aux sacrificateurs qui, depuis l'origine des temps, vivent dans les Highlands. Grampian rêve sans doute de la posséder, mais le destin a choisi Tullibardine et il ne peut s'y opposer.

Un long commentaire, en gaélique, était écrit de la main d'un habile copiste.

– Cette dague a déjà tué, révéla Macbeth ; la victime fut un membre du clan coupable de vol et de meurtre. Le premier possesseur de l'arme est Duncan, petit-fils de Malcom II, qui régna au XIe siècle ; mais il la tenait de ses ancêtres qui l'avaient eux-mêmes reçue en héritage.

– Grampian MacDuncan doit rêver de la posséder ; ne lui revient-elle pas de droit ?

– En épousant Tullibardine, il aurait obtenu la femme et la dague ; la voler le déshonorerait à jamais. Comme nous tous, il doit respecter le choix du destin.

– Tullibardine connaît-elle la valeur symbolique de cet objet ?

– Grâce à ce livre, je suis en mesure de lui apprendre ce qu'elle désirait savoir.

# CHAPITRE XXVI

Dans le matin blafard, le loch Ness était particulièrement impressionnant. La masse aquatique sortait peu à peu des ténèbres, tel le monstre montant de la nuit des profondeurs. Une bourrasque de vent déchira la brume, des convulsions agitèrent la surface du lac. Puis une violente averse arrosa le sommet des Highlands, provoquant un ruissellement intense ; l'eau du ciel passa à travers la bruyère et la tourbe, prit une teinte jaune qui s'assombrit au fur et à mesure de sa course et devint franchement noire en atteignant le lac.

Marlow se plaça aux côtés de Higgins, devant l'une des fenêtres du pub.

– Que regardez-vous ?

– La nature est riche d'enseignements ; elle nous offre sans cesse les clés que nous ne savons pas voir.

– Regardez qui passe !

Angus Glenbervie sortait de chez lui. La tête basse, un œil au beurre noir, le nez à moitié écrasé, les pommettes tuméfiées, il marchait avec difficulté. Les deux policiers allèrent à sa rencontre.

– Un accident ? demanda Higgins.

– Une stupide fausse manœuvre, en effet.

– Auriez-vous percuté Grampian MacDuncan ?

– Qu'allez-vous imaginer ? Cette nuit je ne me suis pas couché. J'ai préféré retourner sur le lac, à l'endroit où nous avons perdu l'appareil de mesure. J'avais emporté une grande gaffe ; si l'objet était tombé dans des herbes en suspension, j'aurais peut-être réussi à le récupérer. En la plongeant dans le loch, j'ai heurté quelque chose de dur. Pensez si j'étais content ! Soudain, les eaux se sont ouvertes en deux et le monstre a jailli ! Il a produit un tel remous que je suis tombé dans la barque où j'ai été secoué avec une violence incroyable. Malgré les heurts, je ne pouvais le quitter des yeux ; je l'ai vu comme en plein jour, à cause de la lune et du ciel clair. Il est énorme, gigantesque ! Comme il a ouvert la gueule à plusieurs reprises, furieux d'avoir été piqué, j'ai constaté qu'il avait des dents. Sur son crâne, qui n'est pas très large, il y a deux petites cornes ; le nez est épais, la lèvre inférieure aussi. À dire vrai, il est horrible ; c'est une figure d'un autre âge, une bête préhistorique qui vous glace le sang. C'est idiot, mais j'ai songé un instant à une tête d'escargot géant.

– Couleur de la peau ? demanda Higgins.

– Noire, avec un dégradé de brun et de gris.

– Des écailles ?

– Non.

– Des bosses ?

– C'est possible.

– Des nageoires ?

– Minuscules par rapport à sa taille.

– Le cou ?

– Très long. Il ondule comme un serpent.

– Des ouïes ?

– Je ne crois pas.

– Vitesse de déplacement ?

– Extraordinaire... il a balancé son interminable cou de droite à gauche, comme s'il me cherchait, puis s'est éloigné avec une rigidité stupéfiante et a plongé. Pendant notre expédition, inspecteur, nous devions être juste au-dessus de lui.

Marlow éprouva une peur rétrospective.

– Il faudrait soigner vos plaies ; certaines sont prodondes.

– Bah ! J'en ai vu d'autres. On sait souffrir, dans les Highlands ; j'ai du travail, dans la colline. Pas le temps de songer à mes malheurs.

– Le superintendant et moi nous rendons à Inverness pour y faire le point avec les autorités locales.

– Une battue systématique ?

– Il faudrait s'y résoudre ; mais les Écossais y sont hostiles. Avant d'inquiéter Nessie, ils exigent des preuves de sa culpabilité.

– À chacun sa peine.

Le béret sur les oreilles, Angus Glenbervie s'éloigna. Higgins et Marlow montèrent dans la Bentley. Gavée d'air pur, elle démarra au quart de tour.

– C'est sérieux, cette battue ?

– Pour notre ami Angus, oui.

– Désirez-vous allez à Inverness ?

– Dans cette direction ; quand nous aurons roulé une dizaine de minutes, vous dissimulerez la voiture et vous m'y attendrez.

– Que comptez-vous faire ?

– Rien de dangereux, rassurez-vous. À deux, nous risquerions d'être repérés.

– Mais enfin, Higgins !

– Roulons, mon cher Marlow.

Le superintendant n'insista pas ; il savait que son collègue ne répondrait à aucune question avant d'avoir développé sa stratégie. Marlow espérait que Higgins ne dépasserait pas, commme en certaines occasions regrettables, les bornes de la légalité ; certaines de ses actions répréhensibles, certes, avaient fait progresser des enquêtes. La rédaction d'un rapport cohérent devenait alors un véritable casse-tête.

Higgins, sanglé dans son *Tielocken*, partit à l'assaut de la colline sur un rythme régulier ; les bons marcheurs misent sur la durée et non sur la précipitation. Il emprunta des chemins battus par le vent, se faufila dans la lande et, se fiant à son sens de l'orientation et à sa connaissance des lieux chaque jour plus profonde, s'approcha du lopin de terre que cultivait Angus Glenbervie.

L'ex-inspecteur-chef se cacha derrière un rocher couvert de mousse et observa.

Le pêcheur maniait la pelle et la plongeait dans une véritable tourbière d'où il extrayait une matière végétale spongieuse et noirâtre qu'il entassait dans une charrette ; indifférent, un mulet somnolait. Bientôt, il tirerait un lourd chargement. Glenbervie travaillait avec une belle constance, comme si un contremaître le surveillait ; Higgins ne nota pourtant aucune autre présence.

Lorsque la charrette fut pleine, le pêcheur dissimula sa pelle dans un buisson, monta à la place du conducteur et tira les rênes. Le mulet accepta de se mettre en branle. Méfiant, Angus Glenbervie regarda dans toutes les directions. Higgins se baissa juste à temps. Il patienta quelques minutes ; quand il fut certain que le véhicule était hors de vue, il sortit de sa cachette.

La moisson avait été excellente.

## CHAPITRE XXVII

Napton Norbury buvait un thé froid. Son réchaud était en panne et il n'avait pas le courage de le réparer. La perte de son appareil de détection l'avait plongé dans un réel désespoir. Comment dénicher le monstre, sans le concours d'une technologie de pointe ? Le paléontologue ne pourrait présenter que des hypothèses, sans apporter la preuve concrète que la science exigeait.

Il n'avait plus le courage de continuer. Aussi commença-t-il à ranger ses affaires ; lorsqu'il s'attaqua au piquet de la tente, un rire frais et joyeux éclata derrière lui.

Napton Norbury se retourna. Elle était là, pimpante, dans une robe largement échancrée qui laissait deviner un corps sublime.

– Tullibardine... vous moqueriez-vous de moi ?

– Vous fuyez, monsieur l'Anglais ! Le monstre vous fait peur à ce point ?

– Je ne suis pas anglais mais écossais.

– Je ne vous crois pas. Un Écossais ne reculerait pas devant le danger.

– Je ne recule pas.

– Pourtant, vous pliez bagages !

– Un moment de déprime... je n'ai jamais eu l'intention de partir.

– Vous mentez très mal.

Le paléontologue baissa la tête.

– J'aurais marché pendant quelques minutes et serais revenu sur mes pas.

– À cause de Nessie ?

– À cause de vous, Tullibardine.

La jeune fille mâchait une herbe ; ses yeux riaient.

– Les scientifiques n'ont pas de cœur, ils n'aiment que leurs machines et leurs éprouvettes.

– En ce qui me concerne, c'est faux. Je crois... je suis sûr... que je vous aime !

Elle s'enfuit. Cette fois, il fut aussi vif que la sauvageonne et se lança à sa poursuite. Il s'obligea à courir dans les traces de la jeune femme qui évitait pierres glissantes et branches basses avec une habileté diabolique ; surprise de ne pas avoir semé son poursuivant, elle commit une erreur d'attention. Son pied gauche heurta une racine et elle tomba sur un lit de fougère.

Le paléontologue s'affala à ses côtés.

– Magnifique exemple de polypode, commenta-t-il ; l'espèce est commune, mais elle atteint ici une sorte de perfection. Comme vous, Tullibardine.

– Je me suis foulé la cheville.

– Puis-je regarder ?

Il la déchaussa et contempla un pied admirablement cambré, d'une attendrissante finesse ; il le toucha du bout des doigts, sans oser le caresser.

– Elle est foulée ; je vous déconseille la marche.

– Comment vais-je me déplacer ?

– Une seule solution : je vous porte dans mes bras jusqu'à Hauntedloch.

– Vous n'en aurez pas la force.

– Quand on a remué des tonnes de matériel scientifique, une jolie plume de votre espèce ne pèse pas lourd.

– Prouvez-le.

Il la souleva avec délicatesse, mais fut obligé de la serrer contre lui afin d'obtenir une bonne assise. Tullibardine passa ses bras autour du cou du paléontologue et se laissa aller.

*
**

Higgins s'installa confortablement sur son siège.

– Passons par Hauntedloch, recommanda-t-il. J'aimerais savoir si Grampian MacDuncan joue encore de la cornemuse sur son rocher.

– Qu'avez-vous découvert ?

Higgins ouvrit son carnet noir à la page où il avait résumé son expédition.

– Lisez vous-même, mon cher Marlow.

Impressionné par cette marque de faveur, le superintendant déchiffra sans peine l'écriture fine et précise de l'ex-inspecteur-chef.

*Le pêcheur Angus Glenbervie transporte dans sa charrette une grande quantité de tourbe.*

– C'est... c'est tout ?

– C'est capital, oubliez-vous l'endroit où nous sommes ?

– Le pêcheur... la charrette... la tourbe, répéta Marlow ; où emmène-t-il son chargement ?

– L'homme était trop méfiant ; je ne l'ai pas suivi. L'imprudence ne fait pas partie de ma méthode.

– Glenbervie vous aurait-il agressé ?

– S'il m'avait repéré, sans aucun doute.

– Pour de la tourbe ?

– Pour de la tourbe.

Plongé dans de profondes réflexions, Marlow conduisit nerveusement jusqu'à Hauntedloch ; la Bentley, ravie, se comporta comme une jeunette.

Le rocher du joueur de *bagpipe* était désert ; comme il l'avait annoncé, le chef du clan était parti travailler sur ses terres.

Un spectacle charmant attendait les policiers à l'intérieur du pub ; Napton Norbury bandait la cheville de Tullibardine Zohar, la tête penchée en arrière, comme une ondine échouée sur la grève. L'entrée des hommes du Yard ne la fit pas changer d'attitude. Le paléontologue s'expliqua.

– Vous n'aviez pas le choix, reconnut Higgins.

– La blessure n'est pas trop grave ; deux ou trois jours de repos complet, et Tullibardine pourra marcher.

– Nous la ramenons chez elle, annonça Marlow.

Napton Norbury porta la jeune femme jusqu'à la Bentley.

– Désirez-vous que je vous accompagne ?

Elle répondit d'un sourire.

Les deux jeunes gens montèrent à l'arrière. Marlow roula doucement jusqu'à la demeure délabrée de Tullibardine Zohar. Cette dernière guida son chevalier servant qui grimpa avec précaution les marches dangereuses de l'escalier moussu.

– Nous devrions ramener Norbury à sa tente, estima Marlow. La morale repose sur des principes dont la violation est le début de la décadence.

– Sans aucun doute, nous devrions. Démarrez, mon cher Marlow.

# CHAPITRE XXVIII

Le simple examen d'une carte de géographie permet de percevoir la grandeur du loch Ness ; à lui seul, il forme une véritable faille qui traverse l'Écosse. À travers celle-ci s'élancent l'Atlantique et la mer du Nord qui tentent de se rejoindre ; seuls quelques morceaux de terre les empêchent encore d'établir leur jonction. L'eau, inexorable, finira par gagner.

Higgins étudiait avec soin le loch Ness et ses alentours, à partir d'une carte d'état-major ; il s'imprégnait du lieu, des villages, des collines ; rien, en ce monde, n'était dû au hasard. Si le monstre avait élu domicile dans ce lac, il devait avoir de bonnes raisons. Et s'il avait tué deux étrangers dans la région, il devait en avoir d'excellentes. C'était du moins la version officielle que certains auraient aimé voir figurer dans le rapport de Scotland Yard.

Une lumière vacilla devant la fenêtre de la chambre de Higgins ; l'ex-inspecteur-chef l'ouvrit et discerna une lueur sur l'éminence où habitait la sorcière.

Quelqu'un agitait une torche.

Marlow, fatigué, dormait déjà à poings fermés ; Higgins jugea amical de ne pas le déranger, bien qu'il ne fût pas persuadé de demeurer sur le chemin de la prudence. Mais le loch Ness avait ses exigences ; on ne pouvait percer son mystère en restant assis dans un fauteuil.

Comme l'ex-inspecteur-chef l'avait supposé, Grampian MacDuncan était rentré chez lui bien après la tombée de la nuit, sans passer par le pub. Angus Glenbervie, lui aussi, était rentré très tard.

Higgins monta lentement le sentier qui conduisait à la masure de Mary Kincraig ; à mi-parcours, le chien courut dans sa direction.

– Doucement, Lucifer, doucement !

L'énorme chien se dressa sur ses pattes arrière et posa les pattes avant sur les épaules de l'homme du Yard ; surpris par la promptitude de l'animal, il garda son équilibre à grand-peine et dut sacrifier à une longue séance de léchage. Apparemment, Lucifer appréciait son eau de toilette.

La lumière avait disparu ; le chien fut un excellent guide. Il évita à l'ex-inspecteur-chef de tomber dans un trou d'eau.

De la fumée sortait du trou central percé dans l'espèce d'igloo, autour duquel se répandait une odeur infecte. Higgins souleva la toile mitée qui servait de porte, se courba et entra.

L'antre de la sorcière était des plus classiques ; feu central aux couleurs d'enfer, bocaux remplis de substances immondes, sol de terre battue couvert de signes cabalistiques. Assise en scribe, Mary Kincraig confectionnait un talisman avec du foin séché, de la bave de crapaud et une queue de serpent.

– M'auriez-vous appelé ?

– L'ouïe fine et la vue perçante... beaucoup de qualités pour un inspecteur de Scotland Yard.

– Autant vous avouer que je suis insensible au blâme comme à la louange.

En Orient, un vieux maître avait appris à Higgins à se méfier de ces deux menteurs, aussi redoutables l'un que l'autre ; combien d'individus avaient succombé sous leurs assauts répétés ?

– Vous fouinez beaucoup, poursuivit la sorcière. Beaucoup trop.

– Je remplis ma fonction comme vous remplissez la vôtre.

– Le loch Ness est un monde à part auquel rien ne ressemble ; aucun étranger ne peut le comprendre. Si vous poursuivez trop loin votre enquête, vous commettrez des dégâts irréparables. Ce pays a déjà trop souffert.

– Oubliez-vous les deux hommes assassinés ?

– Quand des milliers de Highlanders furent torturés et fusillés, Scotland Yard ne s'est pas dérangé ; ces deux cadavres-là ne pèseront pas lourd dans la balance du jugement dernier.

– Chaque être pèsera son poids, et il sera aussi important que tous les autres réunis.

De l'index, la sorcière traça dans le sol les contours de Nessie.

– C'est elle que vous cherchez ?

Higgins ne répondit pas.

– Je vais vous dire la vérité, la vérité que seuls les vrais Highlanders connaissent : le monstre du loch Ness, c'est mon chien. Tantôt il vit dans le lac, tantôt sur terre ; si vous comprenez ça, vous n'irez pas plus loin.

Higgins prit des notes.

– C'est votre grimoire, ce carnet ?

– En quelque sorte.

– Fabriquez-vous des talismans ?

– Le plus souvent possible.

– Pourquoi cet acharnement, inspecteur ?

– Parce que deux âmes errent sur les rives du loch. Deux âmes qui réclament justice et dont on ne connaît même pas le nom. Si je n'interviens pas, ne deviendront-elles pas des spectres affamés de vengeance ?

La sorcière parut troublée ; l'argument de l'ex-inspecteur-chef ne manquait pas de valeur.

– En ce cas, nous allons à l'affrontement.

– Macbeth et Tullibardine sont vos ennemis, n'est-il pas vrai ?

– Vous êtes un peu trop perspicace, inspecteur.

– J'éprouve du respect pour les sorcières ; leur travail est difficile et délicat. Sans elles, combien de traditions se perdraient ? Lorsqu'elles s'affrontent le combat est redoutable.

– Là, vous vous trompez ! Tullibardine Zohar n'est pas une sorcière, mais une intrigante sans aucun pouvoir. C'est une petite fille sans cervelle, perdue dans ses rêves et manipulée par ce maudit Macbeth. Celui-là est un individu redoutable ; il trahit le clan en refusant d'obéir à son chef. Qu'il soit damné !

– Tullibardine ne vous a-t-elle pas défiée ?

– Elle n'osera jamais.

– Et Macbeth ?

– Il me craint.

– Le craignez-vous aussi ?

– Il a misé sur le mauvais cheval en choisissant d'éduquer Tullibardine ; elle n'a aucun don de sorcière.

– Quel but poursuivait-il en agissant ainsi ?

– Il est isolé depuis qu'il quitté le clan.

– Quitte-t-on jamais un clan ?

Mary Kincraig fut piquée au vif.

– Jamais, vous avez raison... c'est pourquoi il doit être damné ! Et vous ne connaissez pas le pire... cet abominable personnage possède un poêle. L'avez-vous vu ?

– Au centre de la librairie.

– Une librairie... l'antre du démon ! Il ne se préoccupe pas de vendre des livres, mais uniquement de nourrir Nessie.

– De quelle manière ?

– Il fait cuire des aliments dans son poêle et va ensuite les déposer dans le nid de Nessie ; il est persuadé d'assurer ainsi la descendance du monstre. D'après lui, tant que Nessie est bien nourrie, elle ne fera aucun mal à personne.

– Il aurait donc interrompu son activité de nourrisseur.

– Je l'ignore... mais je connais, comme lui, la solution. La terrifiante solution.

Mary Kincraig parut émue ; sa main trembla lorsqu'elle effaça le dessin.

– Le monstre a tué deux fois, il recommencera.

– Comment l'arrêteriez-vous ?

– Je n'en ai pas les moyens. Nessie est plus forte que tous les sorciers réunis.

– Cette solution ?

– Offrir à Nessie une innocente victime. De préférence une vierge.

# CHAPITRE XXIX

Un policier en uniforme réveilla Scott Marlow tôt le matin. La bouche pâteuse et le front migraineux, le superintendant parvint à comprendre les paroles que l'homme prononçait dans la posture réglementaire.

– Un incident grave vient de se produire à Achnahamnet, au bureau d'investigation du loch Ness ; Mlle Hosh réclame votre présence, ainsi que celle de l'ex-inspecteur-chef Higgins.

– Grave, dites-vous ?

– Affirmatif.

– De quel ordre ?

– Nous n'en savons pas plus ; Mlle Hosh nous a refusé l'entrée du bâtiment.

– Bon, bon... j'arrive.

Marlow procéda à une toilette rapide, s'habilla en mettant la semaine avec le dimanche, cassa un lacet de chaussure, pesta contre les Highlands, le loch Ness et l'Écosse.

Alors qu'il s'apprêtait à frapper à la porte de la chambre de Higgins, celle-ci s'ouvrit. L'ex-inspecteur-chef, rasé de près et fleurant bon la feuille de noyer, était sanglé dans son *Tielocken.*

– Vous... vous êtes déjà prêt ?

– Les événements devraient s'accélérer.

– La demoiselle Hosh nous appelle au secours.

La Bentley, étant donné l'heure matinale, se fit un peu prier. Higgins jeta un œil vers la colline de la sorcière ; au sommet, Lucifer montait la garde. De l'autre côté de Hauntedloch, la demeure de Grampian MacDuncan était éclairée.

– Pourquoi n'allons-nous pas l'interroger chez lui ? demanda Marlow en s'engageant sur la route battue par un vent d'ouest.

– Le mystère est ailleurs ; le chef du clan est trop malin pour avoir laissé un indice quelconque dans sa propre maison.

Le superintendant n'était pas mécontent de lui ; il venait de piéger Higgins.

– Vous le considérez donc comme coupable.

– Qui n'est pas coupable d'un délit plus ou moins sérieux, dans une région que hante un monstre ?

– Si je traduis vos propos, vous concluez à l'existence d'un complot dont MacDuncan serait l'âme.

– L'hypothèse est séduisante.

– Mais il y a le monstre ! Au début, avoua le superintendant, je songeais à une mystification ; trop de témoignages vont dans le même sens. Non seulement, il existe bel et bien, mais encore il a frappé à deux reprises. Quel être humain serait capable de le manipuler ?

– Personne n'en est capable.

– Nous tournons en rond.

– Tout est lié, mon cher Marlow ; il nous faut pénétrer à l'intérieur du cercle. Çà et là, des failles apparaissent.

– Le temps presse, Higgins ; un second discours serait inefficace.

– J'en suis conscient.

Gwendolyne Hosh attendait les policiers sur le seuil du musée ; elle avait les cheveux défaits et le visage fripé. Le pimpant conservateur avait cédé la place à une femme désemparée, vieillie de dix ans.

– C'est horrible, horrible ! dit-elle en tombant dans les bras de Scott Marlow.

– Gêné, le superintendant tenta de la réconforter.

– Reprenez-vous, mademoiselle... ce n'est peut-être pas si grave.

Elle se dégagea, furibonde.

– Pas si grave ? Constatez vous-même !

Gwendolyne Hosh poussa la porte du musée ; elle ne put retenir ses larmes.

Le délicat endroit, aménagé avec tant de soin, n'était plus que ruine et dévastation. Vitrines éventrées, photographies et articles de presse déchirés, maquettes brisées en mille morceaux... rien n'avait échappé à la fureur destructrice des vandales. Higgins et Marlow marchèrent sur des morceaux de verre, en direction de la petite pièce que le conservateur considérait comme un sanctuaire ; elle aussi avait été dévastée.

– Ils ont volé le duplicata de la photo du gynécologue, indiqua-t-elle d'une voix tremblante.

Marlow était effaré. Pourquoi s'être acharné, avec autant de violence et de sadisme, sur ce paisible musée ?

– Le vacarme fut sans doute terrifiant, avança Higgins.

– Sans doute, répéta Gwendolyne Hosh, hébétée.

– N'avez-vous rien entendu ?

– Je me trouvais à Inverness où je donnais une conférence sur l'histoire du monstre. J'ai dormi à l'hôtel, me suis levée à cinq heures trente, comme chaque matin, ai pris un taxi et suis arrivée ici... j'ai cru m'évanouir. Mon premier réflexe fut d'appeler la police. Aidez-moi, inspecteur !

La détresse de Gwendolyne Hosh était touchante. Une sorte de criminel venait d'anéantir l'œuvre d'une existence et de condamner un être au désespoir.

– Il faudra recommencer, conseilla Higgins avec douceur.

– Recommencer ?

– Bien sûr. Je suis persuadé que vous connaissez votre musée par cœur et que vous serez capable de le reconstituer ; si vous avez besoin d'appuis officiels auprès du *Times* ou de la Société Royale de Géographie, je vous aiderai.

– Inspecteur... vous êtes un ange !

– Hélas non, mademoiselle, et croyez bien que je le déplore. Ce serait fort pratique pour survoler des situations comme celle-ci. Soupçonnez-vous quelqu'un ?

– Non... vraiment non.

– Avez-vous reçu des menaces ?

– Aucune... mon travail ne gênait personne. Mon Dieu !

Effrayée, elle porta les mains à sa bouche, comme pour s'imposer silence.

– Un souvenir précis ?

– Non... je songe à Grampian ! Il va entrer dans une violente colère ! Lorsqu'on touche à l'un des membres du clan, il ne se contrôle plus. Calmez-le, je vous en prie !

Le conservateur éclata en sanglots ; l'ex-inspecteur-chef essuya ses larmes avec un mouchoir imbibé de lavande ; son parfum, à la fois puissant et subtil, la rassura.

– Vous trouverez le coupable, n'est-ce pas ?

– Perquisition immédiate et généralisée, décida Marlow. Je vous envoie deux hommes afin d'évacuer les débris et de nettoyer le musée.

Une heure plus tard des policiers en uniforme, munis des autorisations nécessaires, partirent en chasse. Marlow, avec une rare énergie, entama une vaste campagne d'investigation.

## CHAPITRE XXX

Les réactions furent diverses.

Grampian MacDuncan menaça d'abord de boxer les policiers ou de les écrabouiller avec un tronc d'arbre ; ensuite, grâce à l'intervention aimable de Higgins, il ouvrit largement sa porte. Angus Glenbervie, qui terminait son breakfast imbibé de whisky, n'opposa aucune résistance. Mary Kincraig retint son chien et terrorisa les représentants du Yard en faisant peser sur eux un regard glacial. Tullibardine Zohar chanta une vieille chanson gaélique, vantant la beauté des Highlands, pendant toute la perquisition. Macbeth demeura assis près de son poêle, indifférent aux allées et venues.

Les résultats furent décevants. Nulle part, on ne découvrit la fameuse photographie ou quelque autre objet provenant du musée martyrisé.

– Nous aurions dû étendre la perquisition, déplora Scott Marlow.

– Patientez encore ; il nous reste un suspect.

– Norbury ? Ça n'aurait aucun sens. Cet attentat est l'œuvre de vandales de passage que nous ne retrouverons jamais.

– Rendons-nous sur le site où travaille le paléontologue ; vos hommes tardent à rentrer.

Trois policiers montaient la garde sur la berge.

– Napton Norbury a disparu, expliqua le gradé ; nous

avons procédé à la perquisition après avoir frappé à la porte de la tente.

– Avez-vous découvert quelque chose ?

– Ceci.

Scott Marlow regarda à trois fois. Sans aucun doute, il s'agissait de la photo du gynécologue.

– Avez-vous trouvé un équipement de plongée ? demanda Higgins.

– Non, Sir.

– Il s'est donc enfui par le lac.

– Impensable ! jugea Marlow, qui se tourna vers le loch Ness où les vagues commençaient à grossir.

Un policier pointa l'index vers un objet non identifié.

– Là-bas, Sir.

Marlow sourit. Cette fois, il identifia le capuchon noir du plongeur.

– Le voilà... à nous deux, mon gaillard !

Le paléontologue, essoufflé, sortit lentement des eaux noires.

– Sacrée balade, dit-il en ôtant son masque : je n'ai pas vu le monstre et je n'ai pas réussi à récupérer mon appareil de détection. Fiasco sur toute la ligne.

– Vous avez pris de gros risques, estima Marlow ; le monstre aurait pu vous avaler.

– C'eût été une belle fin pour un chercheur ! Mais Nessie doit sentir que je ne lui veux aucun mal.

– Ce n'est pas le cas de tout le monde.

– Pardon ?

– Pourquoi avez-vous dévasté le musée de Gwendolyne Hosh ?

– Vous déraillez !

– Soyez poli, M. Norbury. Nous avons la preuve de votre forfait.

– La preuve... mon forfait... c'est un cauchemar ?

– Hélas, non.

– Que s'est-il passé exactement ?

– Vous le savez aussi bien que moi.

– Je vous jure que non !

– Un vandale a tout détruit, indiqua Higgins ; le beau musée de Mlle Hosh n'existe plus.

– Pourquoi m'accuser, moi ? Je ne veux aucun mal à cette demoiselle !

– Vous avez commis une lourde erreur, indiqua le superintendant ; nous avons retrouvé, dans votre tente, un document volé.

Marlow exhiba la photo du gynécologue.

– Je n'ai rien volé, affirma Napton Norbury, et je n'ai pas dévasté ce musée !

– Comment expliquez-vous la présence de ce cliché ?

– C'est évident : il s'agit d'une machination.

– Dans quelle intention ?

– M'empêcher de poursuivre mes recherches, je suppose.

– Qui en serait l'auteur ?

– Je l'ignore, mais c'est scandaleux et je désire porter plainte ! Ma réputation est en jeu.

Troublé par les arguments du jeune homme, Scott Marlow eut le sentiment désagréable de s'engager dans une impasse.

– Nous vous laissons en liberté, M. Norbury, mais ne quittez pas les parages.

– Ce n'est certes pas mon intention ; moi, je continue.

*
**

Une tempête se leva en quelques minutes ; le vent fit courir une armée de nuages noirs dans le ciel et creusa le lac ; puis une pluie violente s'abattit sur les Highlands et sur la Bentley. Les eaux du loch Ness gonflèrent, leur niveau monta très vite.

– Napton Norbury devrait déménager sa tente, suggéra le superintendant Marlow ; sinon, elle sera submergée.

– La route elle-même risque d'être menacée.

– Quel déluge ! Et ce maudit lac qui semble hostile à toute présence humaine !

– C'est également mon sentiment, reconnut Higgins.

Les essuie-glaces combattaient avec vaillance, mais commençaient à donner des signes de faiblesse. Rhumatisante, la vieille voiture n'appréciait guère cet excès d'humidité.

– Nous entrons dans une nouvelle phase de l'enquête, estima Marlow. On ne peut quand même pas accuser le monstre d'avoir démoli le musée et caché sa propre photo dans la tente du paléontologue.

– Dans un pays de sorciers, on ne doit s'étonner de rien.

Le superintendant donna un coup de volant afin d'éviter un trou au milieu de la chaussée.

– Vous plaisantez, j'espère ?

– Je n'en ai pas le cœur. Depuis peu, je suis de plus en plus inquiet. Les masques tombent et les ombres se dissipent... mais d'une manière dangereuse. Dans ce pays, la paix ne peut rien résoudre.

– À quelle guerre songez-vous ?

– Je ne sais pas encore. Seule certitude : le monstre sera au centre du champ de bataille.

Le premier essuie-glace, épuisé, rendit l'âme ; par esprit de fraternité, le second l'imita. Conduire devint impossible ; Marlow rangea la Bentley sur le bas-côté.

– Le hasard fait bien les choses, constata Higgins ; nous sommes juste en face de la demeure de Tullibardine Zohar.

## CHAPITRE XXXI

Que l'imperméable fut la seconde peau d'un Anglais de souche, les deux policiers le vérifièrent une fois de plus ; le vieux proverbe : « quand le soleil brille, la pluie ne tardera pas à tomber », demeurait l'une des prévisions météorologiques les plus pointues.

Le manoir délabré devenait franchement sinistre ; deux pierres s'étaient effondrées sur le sol détrempé, la troisième avait brisé l'extrémité d'une des marches de l'escalier moussu. Sans être expert, on pouvait prédire que la bâtisse menaçait ruine et qu'elle ne résisterait pas à deux ou trois tempêtes de cette importance. Prenant soin de ne pas glisser, Marlow et Higgins poussèrent la porte vermoulue. Ils entendirent la voix fruitée de la jeune femme qui fredonnait une comptine.

Malgré le feu ardent qui brûlait dans la cheminée, un froid glacial régnait dans la grande pièce. Vêtue d'un corsage jaune et d'une jupe légère, Tullibardine n'en avait cure. Assise devant l'âtre, elle lisait un in-folio consacré aux armes anciennes ; l'ex-inspecteur-chef reconnut le précieux volume où figurait la dague en or.

– Scotland Yard ne me quitte plus, dit-elle en souriant. Une nouvelle perquisition ?

– Loin de là, répondit Higgins : une simple demande d'asile.

– La tempête souffle, il est vrai ; celle-là n'est pas trop

méchante. Nessie doit s'amuser avec les vagues. Pourquoi a-t-on fouillé ma maison ? Les policiers ont refusé de me l'expliquer.

– Ne leur en voulez pas ; ils ont respecté la consigne. Quelqu'un est entré par effraction dans le musée de Gwendolyne Hosh, a brisé tout ce qui lui tombait sous la main et volé un document.

Marlow s'approcha du feu ; du coin de l'œil, il surveilla la réaction de la jeune femme. Higgins se promena dans le bric-à-brac, s'arrêtant devant une croix celtique, une jambe d'armure ou un cadre en bois doré privé de tableau.

– Gwendolyne doit être abattue ; c'est une personne sensible, sous ses dehors hautains.

– On lui a porté un coup très dur, en effet.

Tullibardine s'allongea sur le ventre et tourna une page avec lenteur ; le léger froissement du parchemin fit entendre la musique suave dont des milliers de moines copistes s'étaient régalés pendant des siècles, au pied de leur lutrin.

– Pour être franche, inspecteur, je déteste les musées. Ils sont plus froids qu'un cimetière, on y entasse des souvenirs figés qui assèchent l'âme. Gwendolyne s'était enfermée dans une prison où elle se momifiait. Cette catastrophe apparente est peut-être sa dernière chance d'être libre.

– Qui est coupable, d'après vous ?

– C'est l'évidence même.

Marlow sursauta ; il ne pensait pas que cette délicieuse personne trahirait le paléontologue.

– Accepteriez-vous de nous donner son nom ?

– Nessie a détruit ce musée qui offrait une mauvaise image de la réalité.

Le superintendant déchanta ; sous des apparences raisonnables, la malheureuse enfant était complètement folle.

– J'aurais partagé votre sentiment, admit Higgins, si nous n'avions retrouvé la « photo du gynécologue » sous la tente de M. Norbury.

– Napton, un voleur ? C'est idiot. Il prend ses photos et ses mesures lui-même ; je crois qu'il a vu le monstre.

– Il ne nous en a pas parlé.

– Il ne vous en parlera pas tant que son dossier ne sera pas complet et inattaquable ; Napton est un scientifique soucieux de sa réputation. S'il se trompait, il serait ridicule.

– Est-il convaincu de l'existence de Nessie ? demanda Higgins.

– Tantôt oui, tantôt non... tant qu'il n'aura pas terminé ses calculs et rédigé ses rapports d'expertise, il demeurera sceptique, comme ses collègues. Les scientifiques sont des enfants ; ils ne croient qu'à ce qu'ils voient. Comme si la réalité était toujours visible...

La jeune fille avait prononcé ces derniers mots en regardant le loch Ness.

Higgins, après avoir fureté dans la grande pièce sans apercevoir un objet suspect, s'approcha de la cheminée. La chaleur d'un feu de bois était un bonheur inépuisable ; douce, enveloppante, elle réjouissait l'âme et le corps. Tullibardine Zohar s'allongea sur le dos, les yeux mi-clos.

– De quelle réalité parlez-vous, mademoiselle ?

– Nessie m'inquiète. Ces meurtres, cette destruction du musée de Gwendolyne Hosh... pourquoi tant de violence ? Quelqu'un doit la contrarier.

– Avez-vous des soupçons ?

– Non.

– Ne s'agirait-il pas de Napton Norbury ?

– Il n'est pas le premier scientifique à étudier Nessie ; d'ordinaire, ce genre de personnage l'amuse. Les savants arrivent ici excités, observent, rédigent des rapports et repartent sans avoir rien compris.

– M. Norbury semble éprouver de l'affection pour vous.

– Il est gentil ; mais je dois m'occuper de Nessie. Le destin le veut ainsi, rien ne servirait de s'y opposer. Les gens me croient folle, ils ont tort. Comme d'autres femmes d'Écosse avant moi, je dois protéger les Highlands. Les unes luttaient contre la tempête, les autres contre les génies de la nuit ; moi, je surveille Nessie.

– Que ferez-vous si le monstre tue à nouveau ?

– J'agirai rituellement. L'acte suprême est un secret connu de moi seule.

– Mary Krincraig l'ignore-t-elle ?

Tullibardine se redressa sur son côté gauche et regarda Higgins avec un regard tendre et mystérieux.

– Mary n'est pas une vraie sorcière ; elle connaît quelques charmes mais ne sait même pas transformer un bâton en serpent. Je l'ai affrontée, lors d'une épreuve ; quand elle a tenu en main une vipère géante au lieu de l'arme avec laquelle elle voulait me frapper, elle s'est enfuie en hurlant.

– Désirait-elle vous tuer ?

– Elle en est capable ; elle aimerait me chasser du pays parce que je n'appartiens pas à son clan et que je ne reconnais pas l'autorité de Grampian MacDuncan. Conflit banal, dans les Highlands ; nous nous combattons parce que nous nous aimons.

– Mary Kincraig est-elle réellement très attachée au chef du clan ?

– C'est son dieu. Elle est sans doute la seule à pouvoir critiquer son action, mais s'aventure rarement sur ce chemin. Mary est une peureuse ; jamais elle n'a osé se promener en barque sur le lac. Le monstre la terrifie.

Scott Marlow rêvait de son bureau londonien, des documents administratifs, des notes de service, de l'ordinateur central du Yard, des vols à main armée et des crimes ordinaires, bref d'un univers normal sans Écossais, sans sorcière blonde, sans loch Ness et sans monstre. Dans cette demeure délabrée, il se sentait aussi perdu qu'un banquier de la City sur la banquise.

Higgins, très calme, consultait ses notes.

– Êtes-vous certaine que Nessie a la capacité de se déplacer sur terre ?

– Elle est moins rapide que dans l'eau, mais se faufile entre les obstacles avec une facilité déconcertante. Mieux vaut ne pas se trouver sur son passage.

– Angus Glenbervie l'a vue très souvent ; vous a-t-il fait part de ses observations ?

– Nous ne nous fréquentons pas.

– Parce qu'il appartient au clan MacDuncan ?

Les yeux de la jeune femme flamboyèrent.

– Parce qu'il est Angus Glenbervie.

Higgins perçut un élan de complicité ; Tullibardine Zohar n'éprouvait pas le besoin d'en dire davantage, car elle était persuadée que l'ex-inspecteur-chef savait. Il ne la détrompa pas.

– J'aimerais dormir, dit-elle, alanguie. Pendant ces nuits tourmentées, seul le sommeil calme les angoisses. Je prierai pour éviter le pire.

Elle se tourna vers le feu, posa la tête sur ses mains et ramena les jambes vers elle. Enfant abandonnée et solitaire, elle se réfugiait dans ses rêves.

## CHAPITRE XXXII

*Les glaciers escaladent le ciel,*
*Le vent tourne dans le soleil,*
*Les vestiges des eaux pullulent au firmament*
*Et le voyageur passe, las et grandiose.*

Le début de la *Cantilène écossaise* de J.B. Harrenlittlewoodrof décrivait à merveille l'atmosphère du loch où le guerrier le plus intrépide avait perdu courage. Dès que la pluie cessa, la Bentley repartit vaillamment en direction de Hauntedloch ; se réchauffer et se sécher ne seraient pas superflus. À son grand étonnement, Marlow nota un geste d'énervement chez Higgins ; son collègue donnait de petits coups cadencés sur la couverture du carnet noir avec l'extrémité non taillée de son crayon.

– Un ennui ?

– C'est tout à fait irritant... il ne me manque qu'un détail. Qui plus est, je suis persuadé qu'il m'a été offert et que j'ai été incapable de le remarquer. Peut-être même ne l'ai-je pas noté, ce qui constituerait une faute professionnelle. Je vieillis, mon cher Marlow.

– Ne vous calomniez pas ; jamais vous n'avez été aussi alerte. Les collines des Highlands vous ont redonné des jambes de vingt ans.

– L'arthrite me laisse en paix, il est vrai ; mais piétiner ainsi sur une affaire aussi facile me contrarie.

– Aussi facile ? Avec un monstre tapi dans les eaux du lac ?

– Laissons cette pauvre bête là où elle est.

Marlow lâcha un instant le volant ; bonne fille, la Bentley amorça le virage dans le bon sens avant que son conducteur la reprenne en mains.

– Vous voulez dire... que vous ne croyez pas à l'existence de Nessie ?

– C'est selon, répondit Higgins, énigmatique. N'avez-vous pas prononcé vous-même le terme de « machination » ? Telle est bien la vérité.

– Qui en sont les auteurs ?

– Tant d'éléments semblent évidents... c'est pourquoi je m'en méfie encore. Il me faut une preuve définitive, cet irritant détail...

Le superintendant n'osa pas interroger son collègue dont la tension était perceptible. Comme Marlow, il avait conscience que les heures filaient vite. Si l'enquête n'aboutissait pas dans les plus brefs délais, le Yard serait mis en accusation et Marlow considéré comme un incapable.

Pendant que le superintendant buvait un whisky, Higgins monta dans sa chambre afin d'y changer de chaussures. Quand il ouvrit la porte, Lucifer se dressa sur ses pattes arrière et bondit à son cou. L'ex-inspecteur-chef lui caressa le sommet du crâne et se laissa lécher la joue ; la queue de l'énorme chien frétillait d'aise.

– Doucement, Lucifer.

Le chien s'aplatit sur le parquet, tentant, non sans un certain ridicule, de se faire tout petit. Higgins découvrit Mary Kincraig, debout, son bâton noueux à la main. Cheveux blancs mal peignés et haillons la rendaient toujours aussi rébarbative.

– Je crains que votre visite ne soit assimilable à une violation de domicile.

– L'heure n'est plus aux grands mots, inspecteur ; les Highlands sont en danger. C'est la raison de ma présence ici. Je vous aurais attendu jour et nuit.

– À situation exceptionnelle, comportement exceptionnel ; pourriez-vous m'expliquer ?

– Tullibardine Zohar... c'est monstrueux !

– Dans quel sens ?

– Je les ai vus, elle et ce scientifique blond qui se prétend Écossais... ils marchaient main dans la main, sur la berge du loch ; soudain, il s'est arrêté et... et...

La sorcière semblait épouvantée.

– Il l'a embrassée.

– Le fait n'est pas négligeable, admit Higgins, mais est-il condamnable ?

– Monstrueux, je vous le répète ! Tullibardine est vierge et doit le rester. Aucun contact avec un homme ne lui est autorisé. En violant cette loi, elle déclenchera la colère du monstre. Deux cadavres, ce n'était rien, à côté du massacre qui va se produire ! Personne ne trahit impunément la tradition.

– Est-ce la coutume du clan ?

– Non, inspecteur, celle des Highlands !

– Tullibardine en est-elle consciente ?

– Bien sûr... elle est coupable, mille fois coupable !

– Que préconisez-vous ?

– Arrêtez-la, sous n'importe quel motif, et emmenez-la loin d'ici. Vous sauverez de nombreuses vies.

– Un baiser sur la joue est un chef d'inculpation un peu mince.

– Vous ne percevez pas la gravité de la situation.

– Acceptera-t-elle de partir ?

Mary Kincraig secoua ses haillons, comme pour se débarrasser d'une influence nocive.

– En ce cas, elle doit réparer sa faute.

– De quelle manière ?

– En tuant Nessie.

*
**

À Inverness, la situation se dégradait. Partisans et adversaires de Nessie s'affrontaient dans les pubs après avoir bu quantité de bière et de whisky ; ecchymoses et coups bas ne se comptaient plus. En état d'alerte permanent, la police était débordée. D'inquiétantes rumeurs circulaient ; de source sûre, on annonçait que le monstre attaquerait bientôt la ville, détruirait les maisons et piétinerait les habitants. La carapace de Nessie était si épaisse qu'aucune balle ne pourrait la percer ; aussi des ingénieurs proposèrent-ils de construire un barrage que le monstre serait incapable de franchir. Les plus courageux ressortirent de vieux harpons qui avaient servi à chasser la baleine.

Toute cette situation déplut aux autorités supérieures du Yard. Certes, l'Écosse était devenue une contrée paisible, mais certains esprits chagrins prédisaient une révolte des Highlanders prêts à repartir sur le sentier de la guerre pour libérer leur pays du joug anglais.

Marlow reçut des instructions sèches et précises : identifier l'assassin sous quarante-huit heures et procéder à son arrestation en donnant une large publicité à l'événement. Le superintendant broya du noir. À supposer que le monstre existât et fût réellement coupable, le repérer et l'intercepter en si peu de temps serait impossible. La tentation était forte d'incarcérer n'importe qui afin d'obtenir un peu de répit ; mais Marlow était un policier honnête et scrupuleux. Il n'entacherait pas l'honneur du Yard.

Quant à Higgins, il lisait et relisait ses notes.

## CHAPITRE XXXIII

Macbeth faisait chauffer sur son poêle une mixture d'où se dégageaient d'horribles odeurs.

– Le porridge de Nessie ? demanda Higgins.

Le libraire haussa les épaules.

– N'écoutez pas tout ce qu'on raconte ; je ne suis qu'un vieux bonhomme inoffensif qu'on charge de fautes et de péchés. Mon existence est celle d'un moine.

– La région est propice à la chasse ; l'avez-vous pratiquée, autrefois ?

– De temps à autre, comme n'importe quel Highlander ; mais je déteste tuer un animal. C'est l'acte le plus lâche et le plus barbare qui soit.

– Tuer un être humain vous paraît-il plus excusable ?

Avec une grande cuillère en bois, Macbeth remua la mixture.

– Les hommes me dégoûtent ; la terre serait si belle sans eux.

– Même les Écossais ?

– Ils ont perdu les vertus de leurs ancêtres. Regardez ce médiocre Grampian : c'est un matamore, incapable de joindre l'acte à la parole. Il s'agite, vitupère, admoneste... et ne fait rien.

Frileux, le libraire était presque collé au poêle ; un bonnet de fourrure protégeait son crâne chauve.

– Existe-t-il une légende qui exige le sacrifice d'une jeune femme pour apaiser le monstre ?

Macbeth baissa la tête.

– Qui vous a parlé de ça ?

– Mary Kincraig.

– Cette vieille folle est incapable de transmettre correctement une tradition.

– Rectifiez son erreur.

– Les vieux textes prétendent que seule une jeune fille, à la pureté préservée, pourrait soumettre le monstre et l'empêcher de nuire, s'il devenait dangereux.

– À quel seuil fixez-vous ce danger ? Deux morts sont-ils suffisants ?

– Ce n'est pas à moi de répondre. Quant à cette légende stupide, elle est si désuète que personne ne s'en souvient ; même Tullibardine en rirait.

– Comment ressentez-vous le sac du musée de Gwendolyne Hosh ?

– Pas de commentaires inutiles. Chacun chez soi.

– Vous savez tant de choses... les deux hommes assassinés vous sont-ils vraiment inconnus ?

– Vraiment.

*
**

Higgins eût aimé interroger le chef du clan, mais il était absent ; l'entretien de son domaine et les travaux agricoles l'obligeaient à partir tôt de chez lui et à rentrer fort tard. Angus Glenbervie était logé à la même enseigne. Le cuisinier du pub ignorait l'endroit exact où ils se trouvaient et n'avait aucun moyen de les joindre.

Du haut de sa colline, Mary Kincraig regardait le village de Hauntedloch ; à ses côtés, Lucifer remplissait son rôle de cerbère, effrayant gardien d'un domaine interdit.

L'ex-inspecteur-chef et le superintendant rendirent visite à Gwendolyne Hosh. Prostrée, elle était assise au milieu de la grande pièce dévastée et buvait du thé froid.

– C'est horrible, dit-elle. J'ai tout perdu.

L'élégante demoiselle s'était à nouveau coiffée et habillée avec coquetterie.

– Avez-vous découvert le coupable ?

– Hélas ! non. Des rumeurs vous sont-elles parvenues ?

– Non... et cela m'étonne. D'ordinaire, les gens parlent ; cette fois c'est le silence le plus total. Avez-vous interrogé Tullibardine Zohar ?

– Oui, sans résultat.

– Connaissez-vous une légende relative à la mainmise d'une jeune fille sur le monstre ?

– Folklore dépourvu d'intérêt ; je ne m'intéresse qu'aux faits, inspecteur. Aujourd'hui, c'est ce désert affligeant.

Higgins sortit de sa poche un article plié en quatre.

– Permettez-moi de vous offrir ce dossier paru dans le *Times* il y a deux jours et consacré à l'histoire de Nessie ; ce sera la première pièce de votre nouvelle collection.

Stupéfaite, Gwendolyne Hosh accepta le modeste présent.

*
**

Scott Marlow conduisait sans souplesse ; la Bentley grinça à plusieurs reprises.

– Vous devriez la ménager, recommanda Higgins.

– Je n'ai pas l'intention de ménager ce Napton Norbury, soyez-en sûr ! Nous sommes trop compliqués... la preuve est incontestable et nous la refusons.

– Pour quelle raison aurait-il saccagé le musée ?

– Il l'avouera.

Le paléontologue était encore en plongée. Les deux policiers durent attendre son retour. Épuisé, le chercheur ôta palmes et masque ; il s'assit sur la berge et reprit son souffle.

– Voici deux heures que j'explore ce maudit lac... pas de Nessie dans les parages.

– J'ai réfléchi, dit Scott Marlow, sévère. La présence

du cliché dans votre tente prouve que vous êtes coupable, donnez-nous votre mobile.

Napton Norbury parut stupéfait.

– Je me moque de ce musée et de cette demoiselle Hosh ! Quelqu'un veut me nuire et m'empêcher de prendre racine.

– Prendre racine... qu'est-ce que ça signifie ?

– Je désire épouser Tullibardine. C'est beaucoup plus qu'un coup de foudre ; mes aventures furent des échecs, jusqu'à présent. Cette fois, je sens que nous pourrons être heureux une vie durant.

– Lui avez-vous parlé ? demanda Higgins.

– Pas encore ; j'ai le trac. Peut-être pourriez-vous m'emmener...

– Bien volontiers.

– Pourriez-vous aussi m'attendre près de chez elle ? J'aimerais que vous soyez les témoins de notre mariage.

– Mais, M. Norbury, je vous soupçonne de...

– Merci, superintendant ; je n'oublierai jamais votre aide.

– Soyons clairs : je n'abandonne pas l'enquête vous concernant. Marié ou non, vous êtes dans une position difficile.

– Si cela vous arrange, je prendrai un avocat ; ne perdons pas de temps, je vous prie.

Higgins ne formulant aucune objection, Marlow servit donc de chauffeur. Le paléontologue se rongeait les ongles. Dès l'arrêt de la Bentley, il ouvrit la portière et traversa la route en courant. L'ex-inspecteur-chef se replongea dans son carnet noir, Marlow trépigna.

– Si c'est une manœuvre pour échapper à un interrogatoire, elle est grotesque.

– D'ordinaire, les scientifiques sont d'assez mauvais simulateurs.

– Celui-là est peut-être une exception.

– Tullibardine est une fort jolie personne ; on peut en tomber éperdument amoureux.

Scott Marlow ne nia pas l'évidence.

Un rayon de soleil éclaira le manoir délabré, le rendant un peu moins sinistre.

– Cela doit bien se passer, supposa le superintendant.

Un quart d'heure plus tard, le paléontologue réapparut, de même que la pluie. La mine sombre, le pas traînant, il avança vers la Bentley comme un condamné chargé de chaînes. Il s'affala sur le capot, la tête dans ses mains. Le superintendant baissa sa vitre.

– Elle refuse, déclara Napton Norbury, des larmes dans la voix.

– Ce n'est qu'une réaction passagère ; une jeune femme n'aime pas être bousculée.

Le paléontologue leva la tête.

– Vous croyez ?

– J'en suis sûr.

– Je rentrerai à pied, merci de votre aide.

Le superintendant le regarda s'éloigner.

– Nous y sommes, déclara Higgins.

– De quoi voulez-vous parler ?

– Du détail, mon cher Marlow ; je le tiens ! Stupide, j'ai été stupide... C'était pourtant simple. Il suffisait d'écouter ; souvenez-vous des paroles de Tullibardine : « Je déteste les musées. Ils sont plus froids qu'un cimetière. »

## CHAPITRE XXXIV

Marlow se répéta plusieurs fois la phrase que l'ex-inspecteur-chef jugeait décisive. Dans un premier temps, il n'y vit qu'un jugement à l'emporte-pièce sur les musées ; ensuite, il discerna une lueur. Le whisky l'aida à réfléchir.

– Tullibardine Zohar n'appartient pas au clan, mais elle ne le combat pas... a-t-elle voulu nous transmettre un message ?

Higgins opina du chef.

– Un message précis, sans trahir sa qualité d'Écossaise et d'habitante des Highlands.

– Une démarche très subtile, mon cher Marlow. Parlez à voix basse ; l'ouïe du cuisinier est peut-être trop fine.

– Le cimetière... les cadavres !

– Nous y voilà ; nous aurions dû relier ces deux termes beaucoup plus tôt.

– À quel cimetière pensez-vous ?

– Il faut y associer un nom... sans perdre de temps.

– Comment faire ?

Higgins feuilleta son carnet.

– Retournons chez Macbeth ; je compte sur votre autorité.

Animé d'une ardeur nouvelle, Marlow appuya sur l'accélérateur ; Boleskine House lui apparut comme un paradis où se trouvait la clé d'une affaire dont il souhaitait se débarrasser au plus vite. La librairie était ouverte ; le superintendant en poussa la porte avec ostentation.

Macbeth et Tullibardine Zohar conversaient, penchés au-dessus d'un grimoire. Ils ne tournèrent pas la tête.

– Moins de bruit, exigea Macbeth ; nous travaillons.

– Désolé de vous interrompre, nous avons des question à vous poser.

Le libraire ferma le grimoire.

– Qu'est-ce que ça signifie ?

– L'enquête prend une nouvelle tournure.

Tullibardine marcha vers la porte ; Higgins s'interposa.

– Vous êtes-vous entretenue avec M. Norbury ?

– Il m'a demandée en mariage ; j'ai refusé.

– Votre refus l'a beaucoup attristé.

– Je n'ai pas voulu lui faire de peine... il m'est interdit de me marier.

– Pourquoi ?

– Je dois m'occuper de Nessie. Acceptez-vous de me laisser passer ?

Higgins s'écarta.

– Soyez prudente, mademoiselle.

– Je n'ai rien à craindre de Nessie.

La jeune femme s'éclipsa. Marlow referma la porte derrière elle pendant que Macbeth s'asseyait devant son poêle.

– Que lisiez-vous ? demanda Higgins.

– Un grimoire consacré aux plantes magiques ; les Highlands en regorgent. Il faut revenir à cette vieille médecine.

– Trêve de plaisanterie, intervint Marlow ; dans quel cimetière allez-vous pour honorer vos morts ?

La question porta. Furieux, le libraire jeta le livre sur le sol.

– Je ne fréquente aucun cimetière ! Je hais ces endroits-là. Les morts y meurent une seconde fois. Demandez partout, si vous ne me croyez pas !

– Votre accès de colère ne m'impressionne pas ; ou

bien vous parlez, ou bien je vous accuse d'un double meurtre avec préméditation. Nous avons les cadavres... et l'assassin.

Macbeth regarda Higgins.

– Votre collègue plaisante, je suppose.

– Je crains que non.

– Je vous répète que je hais les cimetières.

– Où se trouve celui du clan MacDuncan ?

– Je l'ignore.

– Vous avez tort de vous obstiner, précisa le superintendant ; cette réponse est absurde.

– Le clan et moi sommes en froid.

– Ce n'est pas une raison pour ignorer l'emplacement de son cimetière.

– Adressez-vous à la personne compétente.

– Le croque-mort ?

Macbeth ricana.

– Si on veut... la préposée au cimetière du clan ne ressemble pas à un vieil oiseau de proie ; MacDuncan la paye correctement. Elle peut s'habiller avec goût.

*
**

La lumière s'éteignit au premier étage du bureau d'investigation du loch Ness ; la forêt de sapins autour d'Achnahamnet prit une allure inquiétante. La nuit s'empara de la nature et joua avec une masse de nuages épais. Au pied d'un conifère, Marlow remit en cause la stratégie que préconisait Higgins.

– Pourquoi ne pas interroger Gwendolyne Hosh selon les formes ?

– Parce que nous sommes pressés et qu'elle nous mentirait ; elle nous indiquerait n'importe quel cimetière. Celui qui nous intéresse ne figure probablement sur aucune carte ; nous n'avons qu'une solution : la suivre.

– Pourquoi sortirait-elle de chez elle à une heure pareille ?

– Dans les circonstances actuelles, elle doit travailler tous les soirs.

Peu avant minuit, Gwendolyne Hosh apparut en pantalon et en blouson de cuir, la tête couverte d'une casquette à carreaux ; après avoir examiné les alentours, elle traversa la forêt de conifères et, par un sentier longeant la route, prit la direction de Hauntedloch.

Comme il le redoutait, Scott Marlow aurait de nombreux *miles* à parcourir à pied ; non seulement ses chaussures supportaient mal ce traitement, mais encore les crampes se multipliaient-elles. De plus, Gwendolyne Hosh marchait vite ; le rythme qu'elle imposait n'était pas facile à suivre. S'il lui prenait la fantaisie d'aller au cœur des Highlands, il ne tiendrait pas la distance.

Par bonheur, elle s'arrêta à Hauntedloch. Le bourg était endormi. Gwendolyne Hosh regarda derrière elle et grimpa jusqu'à la demeure de Mary Kincraig.

– Étrange collusion, estima Higgins. On voit mal ces deux dames se complaire dans une discussion de salon.

Les deux femmes partirent vers le nord et s'enfoncèrent dans une zone boisée où l'on chassait le cerf rouge et le chat sauvage ; après une demi-heure de marche, un grincement de roues annonça l'arrivée d'une charrette lourdement chargée. Higgins obligea Marlow à s'accroupir derrière un rideau d'arbres, à bonne distance des deux femmes. Ils entendirent distinctement les voix.

– Tout va bien ? demanda un organe mâle et grave.

– La route est libre, répondit la sorcière.

– La nuit fut excellente. Tout était calme ?

– Tout se déroule comme prévu, affirma Gwendolyne Hosh.

– Les fouineurs continuent à piétiner ?

– Ils sont perdus.

– Parfait, rentrons au bourg et rangeons la récolte. La demande est si forte que nous parvenons à peine à la satisfaire.

– Allons-y, nous avons encore du chemin.

Le groupe s'éloigna.

– Nous aurions dû les intercepter, déplora Marlow.

– Prématuré, nous devons d'abord découvrir le cimetière ; j'espère qu'il n'est pas trop éloigné. En suivant le chemin, nous devrions y arriver.

Les deux policiers marchèrent un quart d'heure sur le sentier perdu dans la forêt ; une chouette hulula. Un gros animal, dérangé, se faufila dans les fourrés.

– Nous nous égarons.

– Un mur de pierre, là-bas.

Le petit cimetière avait été aménagé dans une clairière ; une lune furtive éclairait les croix celtes.

## CHAPITRE XXXV

À l'entrée du cimetière, une pierre levée de plus de cinq mètres ; symbole de la liaison du ciel et de la terre, elle permettait à l'âme du mort de monter vers le paradis mais aussi de redescendre sur terre pour y rencontrer à nouveau ses proches.

Scott Marlow ne se sentait pas en sécurité. Il suivit néanmoins Higgins qui avançait avec précaution, en tendant l'oreille. Dans l'angle nord-est de l'enceinte se dressait un *broch* en bon état de conservation ; il s'agissait d'une tour de pierre construite par les Celtes aux premiers siècles de l'ère chrétienne et spécifique de l'Écosse. Se réfugiaient dans un *broch* ceux que poursuivaient pillards ou bandits ; à l'intérieur des murs épais étaient creusées des petites pièces ou des galeries.

– Voilà ce que je prévoyais, dit Higgins en regardant la porte blindée qui interdisait l'accès au *broch*.

– Pas de trace de rouille, constata Scott Marlow ; elle est récente et bien entretenue. Devrons-nous la forcer ?

– Surtout pas. Un flagrant délit vous conviendrait-il ?

Malgré l'austérité du lieu, le superintendant éprouva une certaine béatitude. Tous les policiers du monde ne rêvaient-ils d'un magnifique flagrant délit, avec le corps du susdit et le coupable à portée de menottes ? Le plus rusé des avocats ne pouvait nier les faits et, dans un cas semblable, la justice suivait effectivement son cours.

– Higgins, je n'ose espérer...

– Soyez optimiste, mon cher Marlow.

L'ex-inspecteur-chef mit un genou en terre, afin d'examiner de près le seuil du *broch*.

– Un petit morceau de verre brisé, observa-t-il.

– Faut-il le ramasser à fin d'expertise ?

– Ce ne sera pas nécessaire ; nous aurons beaucoup mieux.

Du bout de l'index, Higgins décolla de la pierre des brindilles marron et les porta à ses narines.

– Du tabac de mauvaise qualité.

– Grampian MacDuncan et Macbeth fument la pipe, rappela le superintendant.

Higgins ne commenta pas, se releva et parcourut très lentement les allées du cimetière bordées de hautes herbes. L'une d'elles l'intrigua.

– On est passé ici voici quelque temps ; le niveau de la terre est plus bas qu'ailleurs, des herbes ont été brisées et piétinées.

Un vent glacial se leva ; ses mugissements ressemblaient à des voix d'outre-tombe.

– Nous pouvons partir, annonça Higgins.

*
**

– Encore vous, marmonna Macbeth. Si vous me dérangez sans cesse, je ne pourrai plus travailler.

– Désolé de vous importuner, dit Higgins. J'aimerais goûter votre whisky.

Marlow fut stupéfait. Il n'entrait pas dans les habitudes de son collègue d'agir ainsi.

– Il n'est pas fameux ; si vous êtes amateur, vous serez déçu.

– N'affirme-t-on pas que tous les crus écossais sont de première qualité ?

– On exagère.

– Refuserez-vous un verre à l'assoiffé ?

La loi de l'hospitalité était sacro-sainte. D'un pas hésitant, le libraire passa dans l'arrière-boutique et en revint avec deux verres et une bouteille. Il servit parcimonieusement les deux policiers.

– Vous ne buvez pas ? s'étonna Marlow.

– Une migraine tenace... une courte diète me fera du bien.

Higgins savoura le liquide ambré qu'il laissa séjourner en bouche quelques instants.

– Vous vous mésestimez, jugea-t-il ; votre whisky est excellent. Je le situe au-dessous du *Royal Salute,* mais il tient son rang de manière fort honorable.

Macbeth se tassa devant son poêle.

– Des goûts et des couleurs, inspecteur... ça ne se discute pas.

– Que pense Tullibardine Zohar du whisky ?

– Elle déteste l'alcool et a eu le tort de le déclarer publiquement.

– Le tort ?

– Gwendolyne Hosh n'a pas apprécié sa prise de position ; elle l'a accusée de trahir l'Écosse et ses coutumes. Les deux femmes en sont presque venues aux mains.

– Quelle fut la réaction de Grampian MacDuncan ?

– Il a soutenu Gwendolyne Hosh. Tant que Tullibardine s'enfermerait dans des convictions absurdes, le clan la considérerait comme une adversaire.

– Pourquoi vous montrez-vous soudain si coopératif ? demanda l'ex-inspecteur-chef avec un bon sourire.

Macbeth se tassa davantage sur son siège.

– Vous êtes sans doute allés là où il ne fallait pas aller... Depuis le début, j'ai su que vous ne lâcheriez pas l'affaire et que vous ne renonceriez pas à percer le mystère. Vous êtes aussi têtu qu'un Écossais, inspecteur.

*
**

Marlow tournait en rond dans sa chambre. Higgins, allongé sur son lit, mettait ses notes en ordre après s'être livré au plaisir de la sieste. À la question pressante du superintendant, « Que faisons-nous ? », il avait répondu

« Rien ». Était arrivé ce moment si particulier d'une enquête où, avant l'estocade, il fallait rassembler ses forces, préciser l'angle d'attaque et affirmer la stratégie.

Sur le conseil de son collègue, le superintendant avait téléphoné aux autorités supérieures du Yard pour leur annoncer que le coupable serait connu dans la matinée du lendemain. Inquiet, Marlow avait demandé plusieurs fois à Higgins s'il était sûr de réussir.

L'ex-inspecteur-chef n'aurait pas engagé son ami sur une voie aussi périlleuse sans avoir obtenu une certitude. À dire vrai, il ne subsistait plus que quelques légères zones d'ombre. Quand le soleil se coucha, c'est un Higgins paisible et détendu qui contempla les eaux sombres du loch Ness.

*
**

Angus Glenbervie poussa la charrette avec un bel entrain ; la soirée s'annonçait plutôt douce. Voilà bien des années qu'il ne souffrait plus de la pluie ni du vent. Il parcourait d'un pied sûr les sentiers les plus escarpés et grimpait comme une chèvre les pentes les plus raides. Les collines des Highlands lui étaient aussi familières que les eaux du loch Ness, et il n'existait pas de coin reculé ou de vallon sauvage qu'il ignorât.

Il espérait quand même que l'agitation cesserait bientôt et qu'il pourrait enfin passer une nuit tranquille ; certes, lorsque la bataille était commencée, il fallait aller jusqu'au bout. Mais la trêve avait aussi du bon.

Angus Glenbervie arriva en vue de la pierre levée du cimetière. Malgré l'habitude, l'endroit l'impressionnait ; les anciens avaient su choisir des lieux magiques où les forces de l'au-delà aimaient se manifester. Le pêcheur aux cheveux roux ne commettait aucun acte offensant à leur égard. Aussi pénétra-t-il sans crainte dans l'enclos funéraire.

Il poussa la charrette jusqu'au pied du *broch*, l'immobilisa et sortit de sa poche une clé qui lui permit d'ouvrir la porte blindée. Avec une belle régularité, il sortit de la tour de pierre des caisses de bouteilles de whisky sans étiquette et les disposa dans la charrette. Lorsque le chargement lui parut suffisant, il referma la porte blindée et sortit du cimetière. Le retour serait plus pénible que l'aller mais, une fois de plus, l'opération serait rentable. Des esprits moralisateurs auraient pu critiquer les bases sur lesquelles elles reposaient, mais Angus Glenbervie n'avait pas d'état d'âme.

Au début du chemin qui descendait vers Hauntedloch, il aperçut quelque chose d'insolite.

Sur une grosse pierre, une bouteille de *Royal Salute* lui barrait le chemin.

– Ben ça...

Angus Glenbervie abandonna la charrette et s'approcha de l'illustre bouteille. Au moment où il s'en emparait, deux hommes sortirent des ténèbres et l'encadrèrent.

– Bonsoir, M. Glenbervie, dit Higgins avec bonhomie.

Le pêcheur tenta de s'enfuir, mais Scott Marlow l'empoigna par le col et lui passa les menottes.

– Flagrant délit, annonça le superintendant.

– Les cadavres, ce n'est pas moi ! protesta Angus Glenbervie. Je ne suis pas le seul coupable... les autres...

– Nous le savons, dit Higgins.

## CHAPITRE XXXVI

Les nuages touchaient presque les eaux du loch Ness, déjà recouvertes d'un épais brouillard ; la visibilité ne dépassait pas deux yards. Toute circulation était risquée, voire impossible. Par bonheur, tous les invités du superintendant étaient arrivés au pub de Hauntedloch où régnait une atmosphère sinistre.

Grampian MacDuncan était assis à l'extrémité de la plus grande des tables ; à sa gauche, Mary Kincraig, la sorcière ; à sa droite, Gwendolyne Hosh. À côté de la demoiselle aux lunettes à fine monture d'acier, Angus Glenbervie ; à côté de la sorcière, Macbeth. À l'autre extrémité de la table, Napton Norbury. Tullibardine Zohar avait refusé de s'asseoir et se tenait près du mur, derrière le libraire. Quant à l'énorme chien, Higgins l'avait laissé dehors, de peur d'être léché en permanence pendant la reconstitution.

– L'affaire est assez claire, commença Higgins. Le superintendant Marlow et moi-même avons surpris Angus Glenbervie en flagrant délit, alors qu'il transportait un chargement de whisky illégal. Au cours de son interrogatoire, M. Glenbervie a formulé un certain nombre d'accusations afin, selon ses propres paroles, de « ne pas être le seul à trinquer ».

Si le regard du chef de clan avait pu tuer, le pêcheur serait mort sur le coup.

– Grampian MacDuncan était de fort méchante humeur depuis un an, rappela Higgins. Pourquoi ? Parce que son commerce de whisky clandestin lui rapportait de moins en moins, à cause de la désaffection croissante des touristes pour le loch Ness. Certes, l'été demeurait une bonne saison ; mais les périodes creuses engendraient un sérieux manque à gagner. Ce fut votre premier mensonge, M. MacDuncan : « Nessie est une excellente affaire commerciale ». Vous auriez du dire : *était*. Nessie : voilà l'idée de génie. Qui pouvait redresser la situation, sinon le monstre en personne ? Trop d'absences de sa part faisaient oublier le loch Ness. Moins de touristes, moins de vente de whisky frauduleux, moins de bénéfices pour le clan.

– Qui m'a dénoncé ? demanda Grampian MacDuncan.

– Personne. De multiples détails m'ont alerté ; j'ai acquis une certitude en voyant Angus Glenbervie transporter des chargements de tourbe. Chacun sait qu'elle est la base de la fabrication du whisky, dont la qualité dépend de celle de la tourbe utilisée ; de plus, elle sert de combustible dans la distillerie même. Cette dernière, selon les aveux de M. Glenbervie, est installée tout près du cimetière, dans un vallon oublié et connu des seuls membres du clan. Quant au *broch* du cimetière, il servait d'entrepôt idéal.

Personne ne contesta la version des faits.

Higgins, qui tournait autour de la table, s'arrêta derrière Gwendolyne Hosh. Scott Marlow, redoutant une réaction violente, ne cessait de surveiller Grampian MacDuncan.

– Vous êtes complice, Mlle Hosh, déclara Higgins. M. MacDuncan vous fait vivre, en tant que responsable du bureau du loch Ness et préposée au cimetière du clan. Aucune des phases de l'opération en cours ne vous était inconnue.

La demoiselle, au chignon impeccable, ne se déroba pas.

– Je ne nie rien. J'étais aux côtés du maître du clan et j'en suis fière.

– Bien entendu, vous entreteniez d'excellents rapports avec Mary Kincraig.

– Bien entendu. Elle est aussi fidèle au clan que je le suis moi-même.

Higgins abandonna le conservateur du musée d'Achnahamnet et recommença à tourner lentement autour de la table.

– Tous les membres du clan tombèrent d'accord avec son chef lorsque celui-ci décida de ressusciter le monstre du loch Ness et de faire revivre sa légende afin de déclencher un intérêt nouveau dans le pays et un afflux de curieux. Qui a eu l'idée de déterrer deux cadavres ?

Personne ne brisa le silence.

– Je parierais sur Mary Kincraig, capable d'envoûter et de désenvoûter un lieu. Elle savait, sans nul doute, que deux étrangers étaient enterrés dans le petit cimetière oublié.

– Ce n'étaient pas des étrangers, avoua la sorcière, mais deux membres du clan que nous avons habillés à l'anglaise. Deux pêcheurs sans famille que la police ne pourrait identifier. Ils se sont sacrifiés, *post mortem*, pour le clan ; de leur vivant, ils nous auraient donné leur accord.

– Cette opinion n'engage que vous. J'ai repéré l'allée qui conduisait à leur tombe ; je suppose qu'Angus Glenbervie, aidé de M. MacDuncan, ont déterré les malheureux, placé les corps sur la charrette et les ont jetés dans le loch Ness.

– Ils étaient encore en bon état, indiqua la sorcière, puisque le trépas était récent.

– Cause du trépas ?

– Mort naturelle, à quinze jours d'intervalle ; ils ne sortaient jamais du village : l'occasion était trop belle.

– Les traces de terre prélevées sur leurs vêtements, une fois comparées à celle du cimetière, prouveront la véracité de vos dires.

– Soyez tranquille, inspecteur.

Scott Marlow était horrifié. Ces gens étaient des monstres pires que Nessie ! Sans cœur, sans respect de la mort, ils étaient prêts à commettre le mal dans toute sa turpitude pour enrichir le clan.

– Une mise en scène morbide était nécessaire, continua l'ex-inspecteur-chef. C'est pourquoi Mary Kincraig donna l'ordre à Lucifer de griffer les deux cadavres qu'elle rendit méconnaissables. Cette vision d'horreur conforterait les enquêteurs dans l'idée que l'assassin était le monstre du loch Ness.

– Le monde est presque saturé d'horreurs, précisa la sorcière ; pour frapper les imaginations, nous devions utiliser les grands moyens. En tant que sœur de Grampian MacDuncan, je devais me montrer digne de mon rang.

Le superintendant espéra, sans trop y croire, que cette abominable mégère serait condamnée à une lourde peine ; un bon avocat trouverait matière à une brillante plaidoirie qui conclurait à son irresponsabilité.

– C'est Tullibardine Zohar qui a trouvé les cadavres, rappela Higgins ; un bon moyen de faire peser les soupçons sur elle. Quelqu'un d'autre, cependant, aurait pu faire cette macabre trouvaille.

– Non, rectifia la sorcière, avec une fierté certaine. Je l'épiais. Angus, qui connaît parfaitement les courants du loch, savait où immerger les corps pour qu'ils dérivent vers elle. Le hasard n'a joué aucun rôle.

Marlow n'osait imaginer la scène. À cet instant, il partagea l'avis de son collègue selon lequel l'espèce humaine était parfois une engeance détestable, indigne de survivre.

– Tullibardine Zohar n'était pas complice, conclut Higgins. Le clan lui reprochait d'ailleurs de ne pas aimer le whisky et de critiquer sa consommation.

– Un policier rationnel aurait tout de même pu la soupçonner, estima Grampian MacDuncan ; n'inventait-elle pas des histoires de monstre afin de dissimuler des meurtres ?

La jeune femme interrompit la déambulation de Higgins.

– Tout ceci est si horrible, inspecteur ; la colère de Nessie menace d'être redoutable ! Jamais elle n'acceptera d'avoir été calomniée. Je vais être obligée de lui parler ; si elle ne m'écoute pas, il ne me restera qu'à la faire disparaître.

Personne n'osa la contrarier ; la pauvre enfant évoluait dans un monde où personne n'osait la suivre.

Higgins se plaça aux côtés de Napton Norbury, comme un professeur regardant par-dessus l'épaule d'un élève.

– Vous avez beaucoup menti, M. Norbury.

## CHAPITRE XXXVII

– Il ne fait pas partie du clan ! protesta Gwendolyne Hosh.

– Exact, même s'il est écossais ; nous avons quelques vérités scientifiques à rétablir.

Le jeune homme, fort gêné, tenta de mettre fin à cette expertise inattendue.

– Nous pourrions en parler ailleurs... tout cela n'a aucun rapport avec les meurtres.

– Autant régler ce petit différend qui jette une ombre sur votre probité. Vous avez eu tort d'affirmer que les blessures étaient l'œuvre d'un animal préhistorique ; ne faut-il pas parler de trucage ?

Napton Norbury bredouilla une vague protestation.

– Sur ce point, j'aurais pu vous croire sincère ; mais avec l'identification du monstre comme un plésiosaure, j'ai compris que vous mentiez de manière délibérée. Sans être un spécialiste, je sais que cet animal doit remonter très souvent à la surface pour respirer ; or, de longues et patientes observations ont prouvé que Nessie restait des semaines, voire des mois entiers sans apparaître.

– Entendu, inspecteur, j'ai dit n'importe quoi.

– Que cherchiez-vous, M. Norbury ?

– Un peu de gloire... les savants sont pauvres et sans grande ressource. Si le monstre avait bel et bien existé et si j'avais été le premier à le démontrer, renommée et fortune étaient assurées. Le *Times* n'a même pas cité mon nom... afin de courir ma chance, je devais accréditer la théorie d'une Nessie meurtrière. Ainsi, mes recherches pouvaient continuer.

« Même la science est pourrie », pensa Marlow, en proie à une vague de désespérance.

Higgins délaissa le paléontologue, fit quelques pas et s'adressa au libraire.

– Vous êtes un opposant farouche au clan, M. Macbeth.

– On ne saurait dire mieux.

– Pourtant, je dois m'interroger avec vous sur ces deux cadavres.

– Avec moi ? Pourquoi ?

– Supposez que ces deux malheureux soient tombés, par hasard, sur la cachette où vous dissimulez vos pièces d'or. N'auriez-vous pas été obligé de les supprimer afin de préserver votre trésor ?

– En aurais-je eu la force ?

– Je vous ai vu marcher et même courir ; vous pouvez être un homme violent.

– Ma cachette est intacte ; je vous montrerai les pièces d'or qui me restent. Elles prouveront que vous faites fausse route.

– J'en suis heureux, M. Macbeth ; à dire vrai, je ne vous ai pas soupçonné longtemps. Angus Glenbervie vous a traité de « vieil alcoolique, saoul du matin au soir ». Cette accusation repose sur un fait majeur : vous refusiez d'acheter le whisky du clan. Ne fabriqueriez-vous pas le vôtre en fraude ?

– Je l'admets.

– Il n'est d'ailleurs pas mauvais et n'a pas du tout le même goût que celui de Grampian MacDuncan.

Ce dernier se leva, furieux.

– Macbeth a brisé l'union sacrée. Personne n'a le droit de distiller du whisky en dehors du clan.

– Je me moque de tes interdits, rétorqua Macbeth ; avec tes rêves de milliardaire, tu as ruiné ton propre clan. Que tu croupisses en prison est un juste châtiment.

– Renégat !

– Tu n'es qu'une outre vide, Grampian.

Le géant barbu se rua sur le libraire avec la ferme intention de l'étrangler. Scott Marlow sortit l'arme de service récupérée à Inverness et en menaça MacDuncan.

– Retournez immédiatement vous asseoir, ordonna le superintendant, ou je vous tire dans les jambes.

Le chef du clan ne prit pas la menace à la légère ; penaud, il obéit. Le libraire se massa le cou.

– Bien que vous soyez innocent, reprit Higgins, vous n'avez pas hésité à porter de graves accusations. Selon vous, Gwendolyne Hosh aurait tué les deux malheureux parce qu'ils avaient nié l'existence du monstre.

– Ce vieil envieux est un médisant, protesta-t-elle, très sèche ; il ne sait plus quoi inventer pour salir les gens. Je nie et continuerai à nier ! Ce deux hommes n'ont pas été assassinés ; qui prétendrait le contraire serait un menteur !

Le conservateur se débattit avec tant de véhémence que son chignon se défit ; honteuse, elle tenta de le remettre en place. Macbeth ricana.

– Je vais être aimable avec cette malheureuse Gwendolyne ; c'était une médisance, rien de plus.

L'ex-inspecteur-chef délaissa le libraire, passa derrière la sorcière, le chef du clan, le conservateur et s'arrêta derrière Angus Glenbervie.

– Vous fûtes une véritable cheville ouvrière, M. Glenbervie.

– Oh, moi, vous savez... j'ai surtout obéi à Grampian.

Le pêcheur avait gardé son béret duquel débordaient ses longs cheveux roux.

– Vous avez parfaitement rempli votre mission en tentant de convaincre le Yard de l'existence de Nessie, M. Glenbervie : « J'ai vu le monstre », avez-vous répété à plusieurs reprises. Cette litanie nous incitait à penser qu'il était le véritable coupable. Malheureusement pour vous, vous avez outrepassé votre rôle ; en expliquant que Nessie fabriquait du whisky au fond du lac, vous sombriez dans le ridicule. Grampian MacDuncan n'a d'ailleurs pas toléré vos bavardages et vous a administré une sévère correction.

– Non, non, je me suis cogné, je...

– Il suffit, M. Glenbervie ; l'heure n'est plus aux mensonges.

– Je ne regrette rien, commenta le géant barbu ; Angus doit être maté, de temps à autre.

Higgins se tourna vers Gwendolyne Hosh.

– Vous aussi, mademoiselle, avez contribué à entretenir l'atmosphère de drame ; en détruisant vous-même votre musée, vous avez voulu faire croire que le monstre était capable de se mouvoir sur terre et de saccager un lieu qui lui déplaisait.

La demoiselle au chignon blêmit.

– C'est faux, complètement faux !

– Ensuite, vous avez placé la photo du gynécologue dans la tente de Napton Norbury afin de brouiller les pistes.

– Vous vous trompez !

– Restait une dernière touche pour compléter le tableau : déposer des menaces de mort. Si le paléontologue poursuivait ses explorations, il serait supprimé.

– Sur ce dernier point, d'accord ; mais je n'ai pas ravagé moi-même mon musée !

– Quel était votre but, sinon d'empêcher, par n'importe quel moyen, les investigations du paléontologue ? Tous les membres du clan savent bien que Nessie n'est qu'une chimère ; si Napton Norbury avait disposé des moyens nécessaires, il l'aurait démontré. Il fallait donc s'agiter afin de maintenir les choses en l'état : le loch Ness était bien habité par un monstre, et qui plus est, par un monstre meurtrier.

Gwendolyne Hosh croisa les bras et bouda.

– Je maintiens mes déclarations.

Grampian MacDuncan lui tapa sur l'épaule gauche.

– Allons, Gwendolyne ! Tout ça n'a plus d'importance, aujourd'hui. Le Yard nous vole notre whisky et nous empêche de survivre. On nous prendra et on brûlera nos terres ; nous deviendrons les nouveaux martyrs des Highlands et le peuple se soulèvera !

Ce discours enflammé ne désorienta pas l'ex-inspecteur-chef.

– Avant d'en arriver à ces extrémités, vous m'avez astucieusement orienté, par l'intermédiaire du cuisinier, vers le frère Stone. Par son témoignage, il nous éloignait de la vérité et du trafic de whisky ; les paroles du saint homme nous ont beaucoup ébranlés, il est vrai. Quant à l'appel téléphonique anonyme annonçant la découverte d'un troisième cadavre, il entrait de façon remarquable dans le déroulement du plan ; il continua à entretenir la panique et les rumeurs. Les démentis furent inopérants ; la plupart des curieux crurent dur comme fer à un nouveau meurtre et la vente du whisky fut florissante.

– Une si belle combine, déplora Grampian MacDuncan.

– Vous l'avez gâchée vous-même.

## CHAPITRE XXXVIII

– Pourquoi dites-vous ça ?

Higgins fit face au maître du clan.

– Ce sont vos erreurs qui ont conduit votre clan à sa perte et à sa déchéance.

Le géant barbu se leva à nouveau et brandit le poing.

– Je ne vous permets pas !

Marlow intervint aussitôt.

– Asseyez-vous.

Maté, Grampian MacDuncan s'exécuta.

– Je vais vous démontrer ce que j'avance, reprit l'ex inspecteur-chef. La machination était parsemée de petites imperfections qui auraient pu abuser un enquêteur inattentif ; vous êtes allé trop loin en demandant à Angus Glenbervie de précipiter dans le lac l'appareil de détection du paléontologue.

– Bien obligé... sinon, ce fouineur aurait pu prouver que Nessie n'existait pas ! La ficelle était un peu grosse, d'accord, mais le temps pressait. On ne connaissait pas cette machine-là ; le mieux, c'était de s'en débarrasser.

– Trop voyant. Trop voyante aussi, votre disparition ; d'ordinaire vous passiez vos soirées au pub.

– Du travail, inspecteur, beaucoup de travail ! Des caisses et encore des caisses à remuer... Bien obligé de donner un coup de main. Mon équipe était trop petite pour faire face à la situation. Des milliers de touristes en morte saison, vous vous rendez compte ? Des milliers de livres sterling dans les caisses du clan, un véritable trésor de guerre, le début de la reconquête des Highlands et l'expulsion des Anglais !

Grampian MacDuncan frappa du poing sur la table.

– C'est fini, dit Gwendolyne Hosh. Fini.

Le mot résonna comme un glas dans la tête du géant. Sa vigueur l'abandonna, il ressembla soudain à un pantin désarticulé et s'affala sur la table de son pub.

– Je croyais bien faire... pour le clan, pour les Highlands. La distillerie clandestine, moi seul sais la faire marcher ; qui d'autre s'en serait occupé ?

– On ne te reproche rien, déclara la sorcière. C'était le seul moyen de nous sortir de l'ornière ; le diable n'a pas accepté de nous aider jusqu'au bout.

– Un détail me trouble, dit Higgins en consultant ses notes. Vous êtes un excellent joueur de *bagpipe* et parvenez à sortir les sons les plus variés de ce curieux instrument ; la phrase musicale que vous avez répétée avec insistance devait donc être un code.

– Juste. Une charrette de whisky venait d'arriver chez moi ; j'avertissais Angus de votre présence.

Higgins devint solennel.

– Vous n'avez pas agi comme un chef de clan. L'argent, la puissance matérielle, le trafic d'alcool... ce ne sont pas des pratiques dignes d'un héros des Highlands. Ce ne sont pas avec des valeurs aussi misérables que l'Écosse pourrait réclamer davantage de respect et de considération. Vous vous êtes trompé de chemin, M. MacDuncan ; vos ancêtres ne se seraient pas comportés de cette manière.

Le chef du clan, stupéfait, ne présenta aucune objection.

– Le monstre n'a pas été un excellent allié, précisa l'ex-inspecteur-chef. En réalité, vous avez mal étudié son dossier.

Gwendolyne Hosh se révolta.

– Prétendez-vous le connaître mieux que nous ?

– Sur un point, certainement : vous avez accusé le

monstre d'être un criminel et d'avoir lacéré ses victimes. Or, aucun des nombreux témoignages recueillis n'évoque l'agressivité de Nessie. Elle n'a jamais attaqué personne et n'a manifesté aucun sadisme. Elle se contente d'apparaître et de disparaître.

– Ça, c'est vrai, reconnut Angus Glenbervie.

– Vous avez été vaniteux, estima Higgins ; d'ordinaire, M. MacDuncan, vous chassez à coups de pied ceux qui vous importunent. Or, cette fois, vous avez admis Scotland Yard sous votre propre toit ; pourquoi ? Parce que vous pensiez pouvoir contrôler l'ennemi et l'endormir. Grave erreur ; en nous mettant en première ligne, le superintendant et moi-même, vous nous offriez un poste d'observation idéal. Mésestimer l'adversaire est toujours une faute impardonnable.

– Impardonnable, répéta Grimpian MacDuncan, groggy.

– Deux meurtres ? Non, deux cadavres déterrés, conclut Higgins. Vous répondrez devant la justice de viol de sépulture et de trafic de whisky.

L'ex-inspecteur-chef glissa le carnet noir dans la poche droite de son veston ; Nessie avait accouché d'une petite énigme.

*
**

À cause du temps catastrophique, Higgins et Marlow furent contraints de résider quelques heures supplémentaires à Hauntedloch. Gwendolyne Hosh, la moins abattue des membres du clan, avait contacté un avocat d'Inverness et préparé le dépôt d'une caution qui permettrait aux coupables de demeurer en liberté.

Pendant que le superintendant rédigeait un rapport détaillé, Higgins se promena dans le brouillard. Déjà, les radios avaient annoncé le résultat de l'enquête et rejeté le monstre du loch Ness dans les ténèbres d'un folklore dépassé ; demain, les journaux assèneraient un dernier coup à la pauvre Nessie.

Grampian MacDuncan s'était enfermé chez lui, de

même qu'Angus Glenbervie ; la sorcière et son chien se terraient dans la masure du haut de la colline ; Gwendolyne Hosh s'était cloîtrée dans son musée détruit ; Macbeth le libraire se chauffait à son poêle ; Napton Norbury rangeait son matériel et pliait sa tente ; Tullibardine Zohar poursuivait son rêve dans un manoir à l'agonie.

Le personnage le plus fascinant, n'était-ce pas ce loch Ness dont Higgins regrettait presque d'avoir brisé la légende ? Il avait au moins innocenté un monstre qui n'existait pas.

Une sirène hurla.

À l'ouïe, l'ex-inspecteur-chef reconnut le chant sinistre d'une voiture de police roulant à vive allure. S'arrachant à sa méditation, il regagna Hauntedloch.

La voiture s'était arrêtée devant le pub. À l'intérieur, deux policiers en uniforme discutaient avec le superintendant. Dès qu'il aperçut son collègue, Marlow l'interpella.

– Higgins, enfin !

– L'un des membres du clan aurait-il pris la fuite ?

– On vient de découvrir un crime... un crime horrible !

## CHAPITRE XXXIX

La petite barque à la voile blanche s'était échouée non loin du château d'Urquhart. Un touriste, profitant de la levée des barrages, s'était élancé à la découverte du loch Ness et avait repéré, tout près du bord, un objet flottant ; il ne s'agissait pas du monstre mais d'un esquif à la dérive où gisait un cadavre. Affolé, le touriste avait repris sa voiture et roulé à tombeau ouvert jusqu'à Inverness.

Lorsque Higgins arriva sur les lieux, la brume commençait à se dissiper ; une fraction de ciel bleu, presque incongrue, se dévoila au loin.

Tullibardine Zohar était étendue au fond de la barque, une dague en or plantée dans le cœur ; son sang avait taché la longue robe blanche. Ses cheveux blonds étaient répandus sur le bois mouillé.

L'ex-inspecteur-chef se recueillit un long moment ; la jeunesse assassinée lui étreignait l'âme. Qu'un être humain fut assez vil pour perpétrer un tel crime l'étonnait toujours, en dépit de sa longue carrière où il avait appris que le fond de l'horreur n'était jamais atteint. Soudain, cette paisible affaire du loch Ness prenait une autre dimension ; personne n'accuserait le monstre, cette fois.

L'identité judiciaire ne tarda pas. Photographes, relevés d'empreintes, premier examen du légiste... le macabre rituel se déroula selon les séquences habituelles. Puis on ôta la dague en or, et l'on plaça le cadavre dans une housse.

Higgins garderait en mémoire le regard effrayé d'une jeune femme qui avait vu son assassin en face, sans comprendre pourquoi il tranchait le fil de sa vie.

– Venez, mon cher Marlow. Nous n'avons plus rien à faire ici.

– Je demande des résultats d'expertise ultra-rapides.

– Inutile.

– Ce drame va semer une nouvelle perturbation...

– Elle n'aura pas le temps de se développer.

– Connaîtriez-vous l'assassin ?

– Tullibardine Zohar ne vivait que pour sa mission sacrée : protéger Nessie des agresseurs ou bien la supprimer avec la dague en or bénie par saint Colomba si elle devenait dangereuse et meurtrière. Elle est allée jusqu'au bout de sa quête.

– Je ne comprends pas... elle a pourtant appris que le clan avait organisé une mise en scène et que Nessie n'était pas une criminelle !

– Vous oubliez deux facteurs : d'une part, elle estimait sans doute avoir commis une faute en acceptant d'être courtisée par le paléontologue, ce qui, à ses propres yeux, la rendait impure ; d'autre part, elle était persuadée que le monstre, furieux d'avoir subi une accusation injuste, se déchaînerait contre les habitants de la région. Enfin, elle n'a peut-être pas cru le clan ; Tullibardine vivait dans un univers à part où seule comptait sa relation avec Nessie. Avec la dague, sorte de rayon lumineux qu'avait béni saint Colomba en personne, elle pouvait réduire le monstre à sa merci et l'empêcher de nuire.

– C'est barque, cette robe blanche, cette arme... ne s'agirait-il pas d'une nouvelle mise en scène ?

– Je ne crois pas : Tullibardine voulait accomplir l'acte de sacrificateur, tel que l'enseigne la tradition.

Marlow était, lui aussi, profondément ému ; sans apprécier l'univers des mystiques, il ne pouvait admettre un meurtre aussi cruel.

– En ce cas, le coupable est un être qui, lui aussi,

attache de l'importance à ces rites ancestraux, il a exécuté cette jeune femme comme si elle était elle-même un monstre.

– Bien raisonné, mon cher Marlow. Prenons une précaution élémentaire : donnez l'ordre de rétablir tous les barrages. Si l'assassin tente de s'enfuir, il se dénoncera lui-même.

*
**

Un ciel d'un bleu très pur rendait accueillants les abords du loch Ness dont la végétation verdoyante brillait sous le soleil de printemps ; les eaux avaient perdu leur caractère noirâtre et pris une teinte en harmonie avec l'azur. Le lac semblait paisible, les sommets des Highlands paraissaient débonnaires.

La Bentley s'arrêta devant la modeste demeure d'Angus Glenbervie dont la façade était recouverte d'un filet de pêcheur. Scott Marlow avait estimé que l'enquête devait commencer par lui ; aussi attaqua-t-il sans ménagement, à l'instant même où l'homme aux longs cheveux roux sortait de chez lui.

– Tullibardine Zohar a été assassinée.

– Tullibardine ! Mais comment... comment... c'est le monstre ! Bien sûr, c'est le monstre !

– Non, M. Glenbervie, la comédie est finie. C'est une main humaine qui a frappé.

Le pêcheur recula de deux pas.

– Elle ne vous aimait pas beaucoup, rappela Higgins ; sans émettre de critique précise à votre endroit, elle refusait de vous adresser la parole.

Angus Glenvervie baissa la tête.

– Elle m'accusait d'être un alcoolique. Je bois, c'est vrai, mais pas comme n'importe qui...

– Mon idée est simple, expliqua Marlow ; Tullibardine Zohar avait découvert l'emplacement de la distillerie clandestine et démonté votre médiocre manège. Grampian MacDuncan se sentit en danger, la jeune femme pouvait parler et vous envoyer tous en prison. Il vous a donné l'ordre de la supprimer et de maquiller le crime en rituel.

Le pêcheur recula encore et se cogna la nuque contre le mur de sa propre maison.

– Je n'ai tué personne, je vous le jure !

– Il faudra vous montrer plus convaincant, dit Scott Marlow.

– Si Grampian m'avait donné un ordre pareil, je le dénoncerais !

– Et si vous aviez agi de vous-même ?

– Je le dénoncerais aussi !

– Voici des arguments de poids, estima Higgins. Rentrez chez vous et n'en sortez plus avant que la police vienne vous chercher. Si vous êtes trop bavard, vous serez accusé de complicité dans un crime de sang.

Angus Glenbervie se rua à l'intérieur de sa maison et claqua la porte.

– Je n'y croyais guère, avoua Scott Marlow, mais nous devons tout vérifier.

– Excellente méthode. Par qui continuons-nous ?

– La sorcière.

Les deux policiers levèrent les yeux. Mary Kincraig les contemplait du haut de sa colline, Lucifer à ses côtés. Elle avait revêtu une robe noire qui tranchait avec le bleu du ciel.

## CHAPITRE XXXX

Higgins ne pouvait se défaire de l'image de ce corps sans vie, de cette beauté juvénile promise à la tendresse et à l'amour. Entre Tullibardine Zohar et lui s'était forgée une véritable complicité ; en prononçant la phrase décisive, « Les musées sont plus froids qu'un cimetière », elle l'avait mis sur la bonne piste sans trahir le clan ni dénoncer quiconque. Aussi l'ex-inspecteur-chef n'en avait-il pas fait mention lors de la reconstitution des faits, afin de ne pas impliquer la jeune femme dans le processus de l'enquête et de préserver sa totale innocence aux yeux des membres du clan.

La sorcière grimaça à l'approche des deux hommes. Lucifer s'écarta de sa maîtresse et offrit à Higgins le plus joyeux des accueils.

– Qu'est-ce qu'il y a encore ? Vous voulez m'accuser d'autre chose ?

– Peut-être de meurtre.

Mary Kincraig avait peigné ses cheveux blancs et ressemblait davantage à une personne de qualité qu'à une vieille sorcière hirsute.

– Ce type de plaisanterie ne m'amuse guère ; vous savez fort bien que nous ne sommes coupables que de violation de sépulture.

– Angus Glenbervie a dit de vous que vous étiez

capable de tout, rappela Higgins. De tout... même de tuer Tullibardine Zohar ?

Le regard de Mary Kincraig perdit son agressivité habituelle.

– Qu'est-ce que vous dites ?

– Vous m'avez parfaitement compris.

– Mais qui a pu...

– Vous vous êtes querellée avec elle.

– J'aurais aimé la chasser du pays, c'est vrai, mais jamais...

– Elle vous portait ombrage.

– Mais non !

– Vous la considériez comme une rivale dangereuse, capable de vous voler vos pouvoirs. Alliée à Macbeth le renégat, elle connaissait nombre de grimoires qui lui auraient permis de vous surpasser.

– Regardez-moi, messieurs... je renonce à toutes mes folies. La sorcellerie, c'est fini, je retourne vivre avec mon frère, Grampian. Si l'on nous envoie en prison, j'accepterai l'épreuve. Nous nous sommes trompés, c'est vrai...

Mary Kincraig était brisée.

Un bruit de pas fit se retourner Marlow. Grampian MacDuncan apparut.

– Pourquoi importunez-vous ma sœur ?

Le géant barbu fumait une longue pipe en terre ; lui aussi semblait abattu.

– À l'exception de Mary Kincraig, déclara Marlow, il est notoire que vous détestez toutes les femmes qui ne vous obéissent pas au doigt et à l'œil.

– Il y a du vrai... en tant que maître du clan, je dois réclamer l'obéissance. Ce n'est pas leur vertu principale.

– Feriez-vous allusion à Tullibardine Zohar ?

Mary Kincraig tenta d'intervenir.

– Grampian, je t'en prie, ne...

– Taisez-vous, ordonna sèchement Marlow.

Lucifer grogna. Higgins le caressa ; l'énorme bête revint à de meilleurs sentiments.

– Mieux vaudrait rentrer chez vous, conseilla l'ex-inspecteur-chef.

L'ex-sorcière disparut dans son antre. Scott Marlow, se sentant proche de la vérité, n'était pas décidé à lâcher sa proie.

– Répondez à ma question.

– Tullibardine refusait de se soumettre aux décisions du clan. À cause du monstre, elle avait perdu la tête ; c'est pourquoi nous ne l'avons pas mise au courant de la combine du whisky. Moi, j'ai horreur des mystiques et des fous ! On ne peut pas compter sur eux et ils font rater les plus belles affaires.

– Accusez-vous Tullibardine d'être à l'origine de votre échec ?

– Non, puisqu'elle ne savait rien.

– Considérez-vous quand même qu'elle appartenait au clan ?

– On ne peut pas renier ses origines.

– Vous vous seriez donc formellement opposé à un mariage avec Napton Norbury ?

– S'il avait été anglais, sans aucun doute ! Nous l'aurions raccompagné chez lui à coups de bâton ! Mais il est écossais... ça change tout. Ils veulent se marier ?

– Impossible, dit Higgins avec gravité. Elle est morte.

– Tullibardine ? Elle avait une santé de fer !

– Morte assassinée.

– Par qui ?

Les deux policiers regardèrent en silence le maître du clan.

– Qu'est-ce que ça signifie... vous ne voulez pas dire que...

– Vous aimiez Tullibardine, rappela Higgins.

– Une amourette, peut-être... une si belle plante !

– Elle vous a éconduit.

– Un sale caractère et, en plus, cette conviction d'être vouée au monstre ! Je n'ai pas réussi à la convaincre. Pourtant, devenir l'épouse du chef du clan...

– Ce refus vous a profondément blessé, estima Scott Marlow.

– Mais non ! J'ai vite pensé à autre chose.

– Ce n'est pas mon avis. Je crois, au contraire, qu'une jalousie meurtrière est née en vous. Vous ne parviendriez pas à la conquérir, soit, mais elle n'appartiendrait à personne d'autre. Quand Napton Norbury est apparu comme un rival dangereux, vous avez décidé de vous venger et de la supprimer. Mieux valait l'assassiner que de l'abandonner à un autre.

Le géant fut désarçonné.

– Ça ne tient pas debout... ce n'est pas dans mon caractère ! Je ne suis même pas un bon chasseur !

– Vous désiriez posséder la dague en or, l'arme du sacrificateur, reprit Higgins. Elle avait déjà tué un membre du clan reconnu coupable de vol et de meurtre ; selon vous, elle revenait de droit au chef du clan.

– Un détail sans importance...

– Cette dague a été plantée dans le cœur de Tullibardine.

– Par saint Colomba, quelle horreur !

– Vous avez annoncé la mort de Tullibardine Zohar, indiqua l'ex-inspecteur-chef, en prédisant qu'elle s'enfoncerait dans le lac.

– Une parole malheureuse, rien de plus !

– Voilà beaucoup de petits incidents regrettables, déplora le superintendant. Reconnaissez avec moi que vous feriez un excellent coupable.

Livide, Grampian MacDuncan laissa tomber sa pipe qui se brisa sur une pierre.

– Je vous jure, sur l'honneur du clan, que je n'ai pas tué Tullibardine !

– L'honneur du clan, qu'en reste-t-il ?

– Une phrase vous sauve, jugea Higgins : « Chez les MacDuncan, on tue l'Anglais, mais on n'assassine pas les siens ».

– C'est la vérité, inspecteur ! Vous, je vous aurais volontiers supprimé, si j'en avais eu le courage, mais pas Tullibardine.

## CHAPITRE XXXXI

Le beau temps s'installait avec une rare persistance. Le loch Ness se donnait de faux airs de campagne anglaise, reposante et discrète. Même la forêt de sapins d'Achnahamnet adoptait un visage moins rébarbatif ; le bureau d'investigation du loch Ness ressemblait presque à une auberge désireuse d'accueillir des hôtes.

Marlow sonna.

Gwendolyne Hosh ouvrit presque aussitôt. Peignée, maquillée, vêtue d'un tailleur gris, elle semblait vieillie et fatiguée.

– Je croyais que l'enquête était terminée.

– Un fait nouveau vient de se produire.

– Lequel ?

– Ne seriez-vous pas déjà informée, mademoiselle ?

– Je ne sors plus de chez moi ; le monde est mort, comme mon musée.

– Tullibardine Zohar est morte, elle aussi.

La nouvelle parut stupéfier le conservateur.

– Tullibardine... mais pourquoi ?

– Nous venons vous le demander.

– Je n'en sais rien... vraiment rien...

Des merles jouaient dans les hautes branches des sapins, un écureuil s'élança d'un arbre à l'autre. Un vent très doux maintenait les nuages à l'écart.

Depuis le seuil, Higgins vit la grande pièce triste. Le

musée avait été nettoyé et vidé de ses débris ; cet espace, désormais inutile, n'était que désolation. Gwendolyne Hosh n'invita pas les deux hommes à entrer.

– Ne souhaitiez-vous pas épouser Grampian MacDuncan ? demanda Higgins.

– Ma vie privée ne regarde que moi.

– Nous enquêtons sur un crime, mademoiselle ; soyez coopérative.

Le conservateur avala sa salive.

– C'est vrai... nous aurions formé un beau couple.

– M. MacDuncan vous a-t-il donné l'explication de son refus ?

– Non.

– Ce fut pour vous une terrible déception.

– L'existence est parsemée d'épreuves.

– Vous saviez, bien entendu, que Grampian MacDuncan voulait épouser Tullibardine Zohar.

– Une passade sans importance.

– Ce n'est pas si sûr, intervint Marlow ; l'homme que vous aimiez ne devait épouser personne d'autre. Vous avez décidé de supprimer votre rivale.

– Oh non, objecta-t-elle d'une voix lasse ; voilà longtemps que j'avais renoncé à Grampian. Tout le monde savait que Tullibardine l'avait repoussé. Le pire, c'est mon musée... ce n'est pas moi qui l'ai détruit, je le jure !

– À présent, je le sais, déclara Higgins. Je vous présente mes excuses pour avoir commis une erreur méprisable.

Gwendolyne Hosh leva vers l'ex-inspecteur-chef des yeux suppliants.

– Vous punirez le coupable ?

– Je vous le promets.

La demoiselle referma la porte du bureau d'investigation du loch Ness, destiné à disparaître.

– J'ai terminé mes vérifications, annonça Marlow ; à présent, nous pouvons arrêter l'assassin.

*
**

Boleskine House s'ornait de quelques couleurs chaudes qui atténuaient sa grisaille ordinaire. L'ancienne résidence du mage noir, Aleister Crowley, s'offrait presque un air guilleret.

– Ce ne sera pas facile, prédit Scott Marlow. L'homme est rusé.

– Peut-être moins qu'il n'y paraît.

Le superintendant ouvrit la porte de la librairie avec la conviction que donne le bras armé de la loi. Macbeth faisait réchauffer une mixture à base de champignons ; collé à son poêle, il fumait la pipe. À ses pieds, une bouteille de whisky.

– M. Macbeth ?

– Il n'y a personne d'autre ici, et je bois *mon* whisky.

– Quand avez-vous vu Tullibardine Zohar pour la dernière fois ?

– Au pub, lors de la reconstitution des événements... pourquoi cette question ?

– Confirmez-vous votre déclaration ?

– Êtes-vous devenu sourd ?

– Ne le prenez pas sur ce ton, M. Macbeth ; vous vous trouvez dans une posture délicate.

– Je suis près de mon poêle et je n'en bougerai plus.

Higgins, le dos calé contre une étagère, se croisa les bras ; Scott Marlow tourna autour du libraire.

– N'êtes-vous pas le fils de Nessie, l'héritier désigné du monstre et sans doute... le monstre lui-même ?

– Déraillage de Scotland Yard, diagnostiqua Macbeth. Ça ne m'étonne pas ; la police fonctionne aussi mal que le chemin de fer.

Le superintendant garda son calme.

– N'existe-t-il pas une légende qui affirme qu'une jeune vierge peut tuer le monstre s'il devient dangereux ?

– Une vieille superstition abracadabrante, en effet.

– Tullibardine Zohar l'a prise au sérieux.

– Elle en a rêvé, sans plus.

– Elle a voulu rendre réel ce rêve et vous l'y avez aidé.

– De quelle manière ?

– En lui faisant lire tous les ouvrages sur le sujet. Elle s'en est gavée, intoxiquée.

– Elle aime les Highlands et leurs traditions ; est-ce un crime ? C'est la seule personne de ce maudit endroit qui possède une sensibilité ; est-ce un délit ?

– Il faut une dague en or pour tuer le monstre, n'est-il pas vrai ?

– Encore la légende... vous n'allez quand même pas croire à ces enfantillages ?

– Tullibardine possédait cette dague.

– Uniquement dans son imagination. C'était touchant, je vous assure.

– Nous avons retrouvé l'arme.

– Vous vous moquez de moi ?

– La dague en or était plantée dans le cœur de Tullibardine Zohar.

La réaction du libraire fut si brutale que son front heurta le poêle.

– Quel est ce cauchemar ?

– La plus triste des réalités, M. Macbeth, intervint Higgins.

Le libraire s'effondra en sanglots.

– Ma petite Tullibardine... ma petite fille...

Ce comportement gêna le superintendant qui s'attendait à une tout autre résistance.

– Je ne l'ai pas assez protégée, gémit Macbeth ; si elle avait accepté de vivre ici, avec moi, nous aurions été à l'abri du clan.

Marlow renonça à l'un de ses arguments : l'hypocrisie du libraire, qui aurait fait semblant d'aimer Tullibardine afin de mieux préparer son crime. Le meilleur des comédiens n'aurait pu simuler une si profonde détresse.

– Tullibardine n'a-t-elle pas consulté chez vous le livre interdit et vu les films introuvables ? interrogea Higgins.

Le libraire refusa de répondre et avala au goulot une rasade de whisky. L'ex-inspecteur-chef consulta son carnet noir.

– Vous avez déjà avoué, M. Macbeth : « Si ce livre existait, c'est moi qui le posséderais ; et s'il devait rester interdit, il le resterait. » Je suis d'accord avec vous ; conservez ces documents et gardez-les secrets. C'est un trésor dont vous devenez le seul dépositaire, puisque Tullibardine a disparu.

– Que s'est-il passé ? Dites-le moi, je vous en supplie !

– Elle est partie tuer le monstre avec la dague en or.

– C'était donc vrai... elle possédait cette arme. A-t-elle réussi, la pauvre petite ?

– Je le crois.

– Tullibardine est morte, le monstre aussi... je ne divulguerai rien. Partez, à présent ; j'ai froid et j'ai sommeil.

## CHAPITRE XXXXII

Le soleil commençait à décliner ; les monts des Highlands s'ornaient de roux, les eaux du loch Ness de bleu sombre. Le paysage revêtait une majesté digne de la paix ineffable qui avait succédé au cataclysme des premiers âges. Bien des voyageurs eussent planté leur tente sur la rive avec l'intention de ne plus repartir.

– Il n'avouera jamais !

– Nous ne verrons pas souvent le loch Ness sous d'aussi beaux atours, mon cher Marlow ; sa sauvagerie naturelle semble être partie avec le monstre. L'assassin nous attend.

Les deux hommes s'engagèrent dans le sentier qui menait au site où s'était installé Napton Norbury. Sa tente était repliée, son matériel rangé dans des sacs ; le paléontologue était assis sur la berge, le regard perdu dans le lointain.

Higgins s'assit à ses côtes ; Marlow demeura en retrait.

– Le coucher de soleil sera magnifique, prédit le jeune homme dont la chevelure blonde dansait dans le vent.

– Vous avez choisi un lieu sublime.

– Sublime et terrifiant.

– Avez-vous embrassé Tullibardine ?

– Embrassé et enlacé. Elle le regretta ; de son point de vue, c'était une faute grave. Elle devait rester pure ; sinon, personne n'aurait pu soumettre Nessie. J'ai tenté de la convaincre qu'elle se trompait, mais elle ne m'a pas écouté.

– Avez-vous renoncé à l'épouser ?

– Bien sûr que non. J'ai essuyé un refus, vous le savez, mais je suis persévérant.

– Pourquoi avez-vous détruit le musée de Gwendolyne Hosh ?

– C'était... logique.

– Vous aviez vu Nessie ?

– Comme je vous vois.

– Une bête affreuse ?

– Affreuse pour les ignares, sans doute ; de mon point de vue, magnifique !

– Cette vision vous a bouleversé.

– Je n'y croyais pas, je l'avoue... j'espérais bien tirer quelque notoriété de mon expérience, même en truquant un peu le dossier... mais après avoir rencontré Nessie, tout devenait différent ! Je tenais le *scoop* scientifique du siècle, que dis-je, du millénaire !

– Et vous deveniez donc l'unique spécialiste de Nessie.

– Exactement.

– Quiconque prétendait s'occuper du monstre à votre place devait donc être balayé.

– Bien entendu.

– C'est pourquoi Gwendolyne Hosh devenait une ennemie ; aussi avez-vous anéanti son œuvre.

– Logique, je vous l'ai dit : un travail d'amateur inutile et encombrant. Cette vieille fille ne pouvait plus continuer à me défier de la sorte.

– La photo du gynécologue ?

– M'accuser moi-même, ça m'a amusé. En dissimulant la photo dans ma tente, je vous offrais un indice si énorme qu'il devenait aberrant. Une bonne idée, non ?

– Si l'on veut. Tullibardine savait que vous aviez vu Nessie, mais elle n'a pas pris conscience de l'importance de cette rencontre ; elle vous considérait toujours comme un savant, doté d'un esprit critique, sans percevoir que vous étiez tombé sous l'emprise du monstre.

Napton Norbury fixa le soleil comme s'il voulait se brûler les yeux.

– C'est vrai ; elle n'a rien compris ; elle me croyait sceptique. Sceptique, moi ! Comment peut-on l'être après avoir contemplé Nessie ? La plus prodigieuse découverte de la paléontologie moderne ! La gloire, inspecteur, la gloire mondiale et, en prime, des années de recherche et d'étude sur l'animal le plus prodigieux de la planète ! N'importe quel paléontologue aurait réagi comme moi ; on ne laisse pas passer une chance pareille.

– Tullibardine ne raisonnait pas comme vous.

– Elle ne raisonnait pas du tout ; elle était en proie à une folie mystique.

– Son rôle de protectrice des Highlands ?

– Insensé, n'est-il pas vrai ?

– Elle a décidé de partir, revêtue d'une longue robe blanche, et de tuer Nessie avec la dague en or.

– Vous n'imaginez pas sa détermination, inspecteur ! Quand je l'ai vue apparaître dans cet accoutrement, j'ai tenté de la retenir. Elle voulait m'offrir un dernier baiser avant cet affrontement qu'elle jugeait indispensable ; la colère du monstre allait éclater, prétendait-elle, et elle devait sauver des milliers de vies. Elle aurait réussi, j'en suis sûr ; elle était si forte, si convaincue... elle aurait supprimé *mon* monstre.

– L'avez-vous mise en garde ?

– Je l'ai menacée, elle s'est moquée de moi. Comme je l'aimais ! À nous deux, nous aurions déchiffré tous les mystères de Nessie. Mais elle voulait la garder pour elle toute seule... je n'avais pas le choix, inspecteur. Pourtant, j'aimais Tullibardine. J'ai été contraint de la tuer parce qu'elle voulait tuer Nessie.

Le soleil s'enfonça dans les eaux du loch Ness ; elles s'enflammèrent à son contact et le rougoiement de la mort du jour gagna les collines environnantes.

– Il faut partir, M. Norbury.

– Je veux bien, inspecteur, mais il me faut une promesse.

– Je vous écoute.

– Transmettez mon dossier d'observations scientifiques à la Société Royale de Géographie ; quand je me balancerai au bout d'une corde, il faudra qu'un autre chercheur prenne le relais et s'occupe de Nessie.

– Comptez sur moi.

# ÉPILOGUE

Après une dernière nuit passée à Hauntedloch, Higgins et Marlow reprirent la route qui les ramènerait en Angleterre. Comme à son habitude, l'ex-inspecteur-chef ne s'intéressait pas aux suites que la justice des hommes donnerait à cette affaire presque distrayante à l'origine et si atroce lors de son issue ; Scott Marlow, dont le Yard appréciait la pondération et la clarté d'esprit, en serait quitte pour rédiger un second rapport où figureraient les aveux complets et signés de Napton Norbury.

Revoir Londres réjouissait au plus haut point le superintendant ; même si quantité de tâches administratives lui sauteraient à la gorge dès qu'il remettrait les pieds dans son bureau, il évoluerait à nouveau dans un univers aux points de repères connus et où les seuls monstres répertoriés étaient les caciques de la hiérarchie.

Le temps demeurait superbe et la température, dépassant les huit degrés, frisait la canicule. Marlow conduisait lentement, afin de ménager la vieille Bentley. Deux *miles* après le château d'Urquhart, Higgins crut apercevoir quelque chose d'étrange à travers un rideau d'arbres.

– Auriez-vous l'obligeance de vous arrêter, mon cher Marlow ?

Le superintendant se gara sur le bas-côté.

– Attendez-moi quelques instants, dit Higgins en ouvrant la portière.

L'ex-inspecteur-chef franchit la barrière végétale et marcha jusqu'à la rive, difficile d'accès à cet endroit. Higgins écarta une branche basse et, soudain, il la vit.

Nessie s'ébrouait à une vingtaine de mètres du rivage, heureuse de plonger et de réapparaître dans les rayons du soleil. Higgins sortit son carnet noir et dessina l'extraordinaire monstre du loch Ness dont il connaissait à présent le véritable aspect ; c'était donc à cela qu'il ressemblait ! Une dizaine de minutes s'écoulèrent, Nessie s'éloigna et disparut dans les eaux.

*
**

– C'était fort long, Higgins ! Que s'est-il passé ? Vous avez l'air bizarre.

– Un simple adieu au loch Ness.

Marlow fronça les sourcils.

– Vous n'auriez quand même pas vu...

– Vous devriez démarrer ; la route est encore longue.

*Achevé d'imprimer en octobre 1991*
*sur presse CAMERON*
*dans les ateliers de la S.E.P.C.*
*à Saint-Amand-Montrond (Cher)*

Éditions du Rocher
28, rue Comte-Félix-Gastaldi
Monaco

Dépôt légal : octobre 1991.
N° d'Édition : CNE section commerce et industrie Monaco 19023
N° d'Impression : 2418

*Imprimé en France*